Rachel Gilson

PADRES FIRMES

EN TIEMPOS DE CONFUSIÓN LGBT+

Discipula a tus hijos sin miedo, con fe y verdad

PATMOS

Padres firmes en tiempos de confusión LGBT+

Publicado por Editorial Patmos,
Miami, FL 33027.

Publicado originalmente en inglés por The Good Book Company,
con el título *Parenting without Panic in an LGBT-Affirming World*.

Traducido por Eduardo Jibaja.
Revisado por Loida Viegas.

ISBN: 978-1-64691-516-3
ISBN: 978-1-64691-517-0 (eBook)

Categoría: Vida Cristiana

Impreso en Brasil | *Printed in Brazil*

"Existen pocas voces en las que confío más por su claridad, guía y sabiduría que Rachel Gilson. En este libro ella permite que los padres aborden temas intimidantes con confianza y destreza, aprovechando los momentos de discipulado divinamente coordinados que provee Dios cuando criamos a nuestros hijos. Práctica, fiel, discernidora, perspicaz, Rachel es un regalo para la iglesia y me encanta aprender de ella".

J. D. GREEAR, pastor, The Summit Church, Raleigh-Durham, NC; autor, *Just Ask* (Solamente pregunta) y *Essential Christianity* (Cristianismo esencial)

"En una era en la que somos llamados a ser fieles a nuestro ser interior, lo que usted encontrará en este libro es exactamente lo que está impreso en la portada: *Padres firmes en tiempos de confusión LGBT+*. De un padre de familia a otro, Rachel ofrece consejos del mundo real anclados en la bondad y sabiduría eterna de la Biblia. Sin angustia, sin rencor, sino 'creando y probando nuestras mejores prácticas ahora mismo' a la luz de las promesas de Dios para nosotros en Jesús. Una lectura fácilmente accesible y empoderadora para todos los padres".

CRAIG ROBERTS, presidente ejecutivo, Sydney Anglican Youthworks

"Espero que todo padre, maestro, pastor, consejero cristiano o cualquier otra persona que ministre a niños se tome el tiempo para leer este breve manual acerca de preparar a los hijos para que resistan, como discípulos, la afirmación cultural de las narrativas LGBT+, así como también la que podría ser su propia confusión. Rachel Gilson es fuerte como una roca al afirmar todos los mandamientos de Dios y su voluntad para las identidades masculinas y femeninas, y al mismo tiempo instar a tener gentileza y bondad hacia aquellos que han adoptado una comprensión incorrecta de la sexualidad. Espero que los cristianos se sientan conmovidos para compartir este pequeño volumen con aquellos que tienen un punto de vista diferente a la Biblia, con la esperanza de que aprendan que discrepar no es odiar y que el evangelio de Jesús es nuestro recurso para todo tipo de quebrantamiento".

KATHY KELLER, Exdirectora adjunta de Comunicaciones, Iglesia Presbiteriana del Redentor, Ciudad de Nueva York; Coautora, *The Meaning of Marriage* (El significado del matrimonio)

"Los padres cristianos necesitan desesperadamente una guía que se enfoque en Jesús cuando hablan con sus hijos sobre preguntas LGBT. Este breve libro es justo lo que todos hemos estado esperando: una clase maestra en verdad y amor, que nos equipe para criar esta generación con un entendimiento del discipulado en forma de cruz e indicándoles el amor inagotable de Jesús a medida que explicamos los límites que pone la Biblia alrededor del sexo y la bondad de cómo Dios ha creado nuestros cuerpos".

REBECCA McLAUGHLIN, autora, *Confronting Christianity* (Confrontando el cristianismo) y *Does the Bible Affirm Same-Sex Relationships?* (¿Afirma la Biblia las relaciones entre personas del mismo sexo?)

"*Padres firmes en tiempos de confusión LGBT+* ¡puede ser acogido por padres con un enorme suspiro de alivio! Rachel escribe como una verdadera amiga que comprende lo que usted está enfrentando y como una valiente aliada que puede ayudar cuando su hijo necesite apoyo. Démosle gracias por su honestidad, fidelidad y sabiduría".

RAY Y JANI ORTLUND, Renewal Ministries, Nashville, TN

"Si usted es como la mayoría de padres cristianos, entonces ha estado considerando cuál es la mejor manera de abordar las preguntas LGBT+ de esta generación con sus hijos. Este tema intimida y asusta a muchos de nosotros, pero el nuevo libro de Rachel Gilson está aquí para dotarnos de confianza para que podamos tratar incluso las preguntas más difíciles con la verdad y la gracia arraigadas en Jesús y su palabra. Esto debe ser una lectura obligatoria para todo padre de familia cristiano".

ADAM GRIFFIN, pastor dirigente, Eastside Community Church, Dallas, TX; presentador, Family Discipleship Podcast (Podcast Discipulado familiar)

"Un pequeño libro maravilloso que plantea todas las preguntas más difíciles sobre la crianza de hijos y la sexualidad, y ofrece respuestas sabias, amorosas y reflexivas. Rachel nos ha servido magníficamente al pensar minuciosamente en cómo criar hijos desde infantes hasta adolescentes, sin temor y sin comprometer principios. Espléndido".

ANDREW WILSON, pastor maestro, King's Church, Londres, Reino Unido; coautor, *The Life You Never Expected* (La vida que jamás esperó)

"Rachel Gilson ha escrito el libro que los padres cristianos han estado necesitando por un buen tiempo, un libro diseñado para equiparnos a nosotros y nuestros hijos para abordar fielmente las preguntas LGBT+ y hacerlo, como ella dice, 'no como adversarios sino como misioneros'. La claridad y un sentido de realidad caracterizan su manera de escribir. Sin embargo, lo que más importante de todo, la verdad bíblica y la gracia del evangelio penetran cada página. Cuando se trata de impartir la sabiduría de los caminos de Dios a los hijos cristianos y prepararlos para el discipulado en un mundo que afirma a los LGBT+, este breve recurso es el lugar ideal en el cual empezar".

ROB S. SMITH, conferencista, Sydney Missionary Bible College, Sydney, Australia; autor, *How Should We Think about Gender and Identity?* (¿Cómo debemos pensar acerca del género y la identidad?) y *The Body God Gives: A Biblical Response to Transgender Theory* (El cuerpo que Dios da: Una respuesta bíblica a la teoría transgénero)

"Un triunfo tanto de la calma como de la confianza. Para padres y todos los que aman a los jóvenes, Gilson modela la calma en la presencia del pánico y confianza ante la ansiedad. Pero, lo que es incluso más importante, ella equipa a los lectores para descansar calmadamente en la firme fidelidad de Dios y confiadamente en su bondad perdurable. Este es un libro que verdaderamente está a la altura de su título y es una bendición para todos los que tratan de discipular a niños con la verdad y el amor de Jesús".

DANI TREWEEK, director fundador, Single Minded Ministry; autor, *The Meaning of Singleness* (El significado de la soltería)

CONTENIDO

INTRODUCCIÓN

"TODAS LAS MAESTRAS DE KINDERGARTEN son asombrosas, pero ¿sabías que una es una mujer que está casada con otra mujer?"

Se encogió mi estómago cuando escuché a Laura decir esto. Recién había inscrito a mi hija para empezar kindergarten en la escuela pública del vecindario donde Laura también había enviado a dos de sus hijos. Como cualquier madre, yo tenía entusiasmo y otros grandes sentimientos mientras mi hija se preparaba para iniciar la escuela; esto fue totalmente nuevo para nuestra pequeña familia de tres. Laura era una amiga natural a quien acudir para las noticias por adelantado. Pero verdaderamente no había esperado esa información.

Mi primera emoción fue el temor. Mi segunda emoción fue la vergüenza.

Mi temor fue instintivo, casi como el de un animal, no enfocado en una cosa en particular sino tan dispersado como los juguetes tirados por todo el cuarto de mi hija.

Como seguidora de Jesús, lo que más quiero para mi hija es que ella también siga a Jesús. Quiero que vea a él y lo que dice como algo bueno, verdadero y hermoso, incluyendo lo que dice acerca de nuestros cuerpos, el sexo y las relaciones. Pero lo que dice Jesús acerca de estos temas no está de acuerdo con la mayor parte de lo que el mundo dice ahora. Yo sabía que necesitaba prepararla, ¡pero kindergarten parecía imposiblemente temprano para empezar!

Mi hija solo tenía cinco años de edad. ¿Qué podría decirle acerca de esta maestra que ella realmente fuera a entender? ¿Ni siquiera era apropiado para su edad hablar de ello? Su juventud simplemente la hacía muy influenciable; yo podía imaginarme a esta maestra siendo afectuosa, amorosa y excelente, y sin ningún esfuerzo en absoluto mostrándole a mi hija que una mujer que esté casada legalmente con otra mujer era algo bueno.

Luego venía el temor de que si trataba de abordar el tema con mi hija, ella lo iba a repetir a su maestra u otras personas en la escuela de las maneras menos matizadas. Todos nosotros hemos escuchado las interpretaciones de los niños de lo que recién escucharon decir a un adulto. Digamos que ellos no serían nuestra primera opción como embajadores. ¿Qué tal si ella entrara y dijera sueltamente: "MI mamá dijo que ser homosexual es un PECADO"? ¿Qué clases de llamadas telefónicas y reuniones tendría que sortear? ¿Trataría la escuela de poner a mi hija en contra mía, persuadiéndola de que yo era intolerante y que estaba equivocada?

También había un temor de que sus nuevos compañeritos, si supieran lo que la familia de ella creía, la rechazarían, se burlarían de ella, o quizás la evitarían. Tal vez no sucedería en kindergarten, pero a medida que todos los niños avanzaran juntos durante el tiempo escolar, en algún momento sería evidente de que nuestra familia no estaba hombro con hombro con nuestra comunidad sobre cuestiones de los LGBT+. Ser de una familia cristiana comprometida de hecho puede hacer que uno parezca extraño. ¿Causarían nuestros discrepantes puntos de vista sobre la sexualidad demasiada tensión social y hacerla querer abandonar la fe? ¿Y si ella se me acercara con preguntas que simplemente no pudiera contestar o con argumentos para aceptar las identidades y prácticas de los LGBT+ de las cuales no pudiera disuadirla?

Pero incluso más fuerte que esta oleada de temores era mi sensación de vergüenza. ¿Por qué vergüenza? Porque sentía que yo, entre todas las personas, debía ser capaz de manejar esto. Primero, yo experimento atracción por personas del mismo sexo; la gente que se identifica como LGBT+ no me asusta porque este es un camino que yo misma he recorrido. Yo había empezado a tener citas con otras mujeres jóvenes en la escuela secundaria, y aunque en ese tiempo ningún estado de los Estados Unidos había legalizado el matrimonio homosexual, yo sabía que quería casarme algún día con una mujer. Esto no presentó ningún problema moral para mí porque yo era una atea y creía que todas las objeciones a las relaciones homosexuales venían de la intolerancia, la estupidez, o ambas cosas. Durante mi primer año en la universidad, sin embargo, Dios interrumpió mi vida. Después de robarle a una compañera de clase un ejemplar de *Mere Christianity* (Mero cristianismo) por C. S, Lewis, me confrontó el evangelio: que aunque yo era una pecadora que merecía la muerte, Jesús había venido para absorber la ira de Dios hacia mí en la cruz, para perdonar mi pecado, y darme, por medio de su resurrección del sepulcro, una nueva vida, ahora y para siempre. Esta noticia de pronto se convirtió en el centro definitorio de mi vida.

Lo cual conduce a la segunda razón por la cual sentí vergüenza. He estado pensando, leyendo y escribiendo sobre cómo abordar las preguntas LGBT+ como cristiana durante décadas. Mi atracción por personas del mismo sexo no desapareció de manera sencilla cuando empecé a seguir a Jesús, y tuve que manifestar en la práctica lo que significaba decir "No" a esas atracciones y "Sí" al Espíritu Santo. Esa manifestación en la práctica es el tema de mi libro *Born Again This Way* (Nacida de nuevo de esta manera), y también de diversos artículos que he escrito y charlas que he dado.

Entonces, ¿no debía yo, entre todas las personas, estar equipada para ayudar a mi propia hija a navegar por este escenario? En cambio, yo estaba pensando: "Por favor, Dios, que le toque una de las otras dos maestras; no estoy preparada para lidiar con esto".

No sé cómo se sentiría usted si hubiera estado en mi lugar. Tal vez se sentiría en conflicto porque usted misma tiene preguntas acerca de lo que dice la Biblia sobre la sexualidad. O quizás se siente segura de lo que enseña la Biblia, pero las posturas de las personas que argumentan tanto a favor como en contra de la perspectiva cristiana tradicional le parecen desagradables e incómodas, no como el Jesús que usted encuentra en la Escritura, y no quiere convertirse en una de ellas. Independientemente de dónde está usted personalmente, sé que cada uno de nosotros tiene grandes preguntas y grandes emociones cuando se trata de este tema y nuestros hijos.

Estoy escribiendo este pequeño libro para los padres porque yo misma lo necesitaba y lo necesito. Es más, sé por mis conversaciones en las iglesias y conferencias que no soy la única que siente estos temores. Simplemente no nos sentimos preparados para ayudar a nuestros hijos a abordar estas preguntas porque la mayoría de nosotros no estamos seguros de cómo abordarlas. Si nadie nos ha equipado primero, ¿cómo podemos evitar ser otra cosa sino un ciego guiando a otro ciego, con nosotros mismos y nuestros hijos terminando dentro de una fosa?

Nuestros temores no son infundados. Muchos de ellos tienen sentido, dados los hechos a nuestro alrededor y nuestras propias vidas. No ganamos nada fingiendo que nuestros temores no existen o tratando de meterlos en el cajón repleto de basura de nuestras mentes. Al mismo tiempo, es peligroso alimentar estos temores o ser gobernado por ellos, "porque no nos ha dado Dios espíritu de cobardía, sino de poder, de amor y de dominio propio" (2 Timoteo 1:7).

El problema con el pecado es que nos hace actuar menos como Jesús, no más. El temor tiende a aislarnos en vez de conectarnos con otros y amarlos. El temor tiende a hacernos atacar en lugar de morir a nosotros mismos. El temor es muy real y muy poderoso, pero Cristo, nuestro Salvador, es más real y más poderoso. Él nos llama a nosotros y nuestros hijos a vivir al máximo (Juan 10:10).

La meta de este libro es ayudarle a equipar a los niños en su vida a abordar las preguntas LGBT+ con la gracia y la verdad de Jesucristo. Esto es algo complicado de hacer porque estas preguntas simplemente no se hacían hace un par de décadas, por lo menos no con tanta frecuencia, con tanta intensidad, o de manera tan pública como ahora. Todos nosotros estamos tratando de descubrir al vuelo cómo criar hijos en este momento cultural. Esto significa que estamos creando y probando nuestras mejores prácticas ahora mismo. Este es un lugar vulnerable donde estar, pero podemos tener plena confianza de que se nos ha dado lo que necesitamos. Dios gentilmente nos ha dado su palabra, su Espíritu y su pueblo para que podamos ser fieles discípulos en cualquier generación, incluyendo ésta.

Este pequeño libro es para nosotros, como padres, abuelos, tías y tíos, y para cualquiera que se preocupe por los niños, por la gracia de Dios, para pasar de un lugar de temor a uno de humilde confianza y fe. Por lo tanto, los capítulos están diseñados para guiar con principios que puedan ayudarnos a hacer esa movida, con algunas opciones prácticas para aplicar estos principios al final de cada capítulo.

Comenzaremos explorando la visión positiva de Dios para nuestros cuerpos y nuestras relaciones, lo cual es el fundamento de todo lo que sigue. Después de eso, hablaremos sobre lo que significa comunicar estas cosas a nuestros niños de maneras apropiadas para su edad. Luego, pensaremos en cómo el pecado y el quebrantamiento impactan el buen diseño de Dios. Esto nos preparará para hablar sobre herramientas útiles para conversar con nuestros niños sobre preguntas

LGBT+. Entonces estaremos listos para abordar cómo equipar a nuestros niños para que piensen en cómo ser cristianos en un mundo que está cambiando rápidamente. Finalmente, consideraremos cómo responder cuando las preguntas LGBT+ se vuelven personales para algunos de los niños que amamos.

Cada uno de nuestros niños es singular. Cada uno de nuestros contextos es complejo. No hay un libreto establecido o un mapa vial hecho a la medida para nosotros. Pero la Biblia promete: "Y si alguno de vosotros tiene falta de sabiduría, pídala a Dios, el cual da a todos abundantemente y sin reproche, y le será dada" (Santiago 1:5). Así que, oremos diligentemente y tengamos gracia con nosotros mismos y los unos con los otros a medida que tratamos de aplicar la sabiduría de Dios.

1

LA VISIÓN POSITIVA DE DIOS

NO HAY NADA QUE SE compare al poder del "No". Cuando se le deja caer sobre un niño, tiene una fuerza explosiva. "No" a un espectáculo extra, a un caramelo, o a más tiempo con la tableta impacta a los niños como una injusticia cruel. Ellos adoptan una postura y protestan como si el adulto delante de ellos existe solamente para disfrutar de su dolor: "¡Pero YO LO QUIERO!

Este frenesí de energía destructiva solo se iguala cuando el niño entiende que también puede ejercer el poder del "No". ¿Verduras? "¡No!" ¿Quieres compartir? "¡No!" ¿Hora de dormir? "¡¡Doble no!!" Mi amiga tiene un hijo pequeño que puede estancarse en el "No" de tal manera que uno puede empezar a ofrecerle cosas que le encantan, y simplemente fruncirá el ceño con la misma ferocidad y repetirá "No".

Como dadores y recibidores, todos hemos experimentado que ese "No" a veces es necesario, aunque a menudo es abusado. E incluso cuando es necesario, puede herir. Puede ejercerse sin piedad, sin pensar, sin gentileza ni comprensión. Justo esta mañana, cansada e impaciente, le dije bruscamente a mi hija que *no* debía tocar mi teléfono a menos que se le diera permiso, e inmediatamente supe que podía haber comunicado el mismo "No" de una mejor manera.

Cuando se trata de lo que dice la Biblia acerca del sexo, podríamos esperar escuchar un "No" igualmente brutal. Ya que crecí fuera de la iglesia, mi percepción de la actitud del cristianismo hacia la sexualidad podría resumirse como retrógrada, puritana y opresiva. Lamentablemente, muchos de mis amigos que *sí* crecieron yendo a la iglesia no tuvieron una experiencia mucho mejor. Algunos de mis amigos sintieron una tensa contradicción en el tema. Por un lado, se hablaba del deseo sexual como si solo pudiera ser un fuego destructivo, dejando a hombres y mujeres quemados, despojados y avergonzados. Por otro lado, escuchaban que debían casarse lo más pronto posible para que también pudieran finalmente tener relaciones sexuales. Otros amigos me dicen que el sexo era un tema prohibido; en vez de contradicción, había silencio.

Una de las cosas desconcertantes acerca de ser un padre de familia es la frecuencia con la que nos encontramos diciendo a nuestros hijos las mismas cosas que nuestros padres nos dijeron. Así que si, con respecto a la sexualidad, fuimos formados por el penetrante y aterrador "No" que flotaba alrededor del sexo, necesitaremos ser intencionales con relación a no simplemente transmitir eso a nuestros hijos. Primero necesitamos regresar a la Biblia para verificar si lo que aprendimos es realmente la visión completa del sexo y la sexualidad que enseña la Biblia.

Quiero sugerir que las primeras palabras de Dios acerca de nuestros cuerpos y cómo usarlos no fueron "No" sino "Sí", y que cualquier lugar donde él dice "No" surge de este "Sí" y es para nuestro propio bien. Yo creo que si aumentamos nuestra capacidad de expresar la visión positiva de Dios para la sexualidad de nuestros hijos, si es que tienen una oportunidad de ver lo que Dios *quiere*, y solo con este "Sí" en su lugar para escuchar a qué se opone Dios, entonces tendrán una oportunidad mucho mejor para experimentar y expresar la visión de la Biblia con gracia y verdad.

De modo que, en este capítulo vamos a ver el "Sí" que Dios ha dicho para nuestros cuerpos, para el matrimonio y para la soltería.

CONFÍE EN SU CUERPO

Cuando mi hija era una niña pequeña, me maravillaba la cantidad de canciones e historias para niños que existían solamente para asegurarse que supiera los nombres y los sonidos de los animales de corral. Supongo que todavía hay niños en los Estados Unidos que interactúan con regularidad con vacas, cerdos, caballos, cabras y animales similares, pero mi hija, como muchos, es una niña de la ciudad. Ella ha visto mucho más ardillas y palomas que gallos y gallinas, pero nadie escribe lindas canciones del sonido que hacen los mapaches cuando están escarbando la basura. En cualquiera de los casos, ella rápidamente se convirtió en experta en relacionar "muu" con vaca y "oink" con cerdo. El tema general era que uno puede confiar en que el sonido que hace un animal revele lo que es. Nunca escuchará un pato haciendo miau o un gato tratando de hacer cuac. Algunas cosas realmente son solo lo que son y, lo que es más, le *dicen* a uno lo que son.

Asimismo, cuando se trata de la sexualidad, un lugar donde podemos y debemos empezar con nuestros hijos es simplemente este: ellos pueden confiar en que sus cuerpos les digan quiénes son.

Una de las hermosas verdades del cristianismo es que Dios llama a la creación buena. Muchas religiones hoy y en la historia han dudado de esta bondad a causa de la presencia del quebrantamiento y el pecado. Y el cristianismo no niega este quebrantamiento. De hecho, en el capítulo 3 lo veremos directamente. (Esto es especialmente importante para nuestros hijos con trastornos de desarrollo sexual, algunos de los cuales a veces se les llama condiciones intersexuales, quienes necesitan saber que no están excluidos de la bondad y el amor de Dios.)

Sin embargo, sabemos por la Escritura que el quebrantamiento y los problemas no son intrínsecos al proyecto: esto es, la creación sí existía con toda su pureza y algún día volverá a estarlo. En la historia de la creación en Génesis 1, Dios declara repetidas veces que las cosas que ha hecho son buenas. La tierra y la luz: buenas. El agua y el aire: buenos. La humanidad, creada a la imagen de Dios, hombre y mujer: *muy* buenos.

No necesitamos tener conversaciones exageradamente complejas con nuestros hijos sobre teorías de sexo y de género. El "muy bueno" que Dios pronunció sobre la humanidad como hombre y mujer establece que hemos sido llamados a recibir el don de nuestro cuerpo masculino o femenino como un buen don. Recibirlo significa que debemos vivirlo, si somos hombres, nuestra masculinidad de manera identificable como niños y como hombres, y si somos mujeres, nuestra feminidad de manera identificable como niñas y como mujeres (compare Deuteronomio 22:5; 1 Corintios 11:2-16). Desde muy temprano, usted puede enseñar a sus hijos que sus cuerpos les muestran si son hombres o mujeres, y por consiguiente que son un niño o una niña, y que ser niño o niña es muy bueno. Es muy sencillo, algo que fácilmente se da por sentado, y no obstante la verdad de un Dios bueno que crea niños y niñas, hombres y mujeres, por su amor y para nuestro gozo es uno de los fundamentos más sólidos que podemos dar.

También podemos orientar a nuestros hijos hacia Jesús, quien adoptó una humanidad real. Él nació con el cuerpo real de un bebito, nacido del cuerpo real de una mujer, mostrando la dignidad y la bondad de ambos. Cuando resucitó de entre los muertos, se les apareció a sus discípulos en un cuerpo nuevo, pero aún un cuerpo *humano*, el cual se podía tocar y ver y reconocer que era suyo. Él no estaba simplemente fingiendo haber asumido su humanidad o tener cuerpo; era y es real. Podemos enseñar a nuestros hijos que ellos tienen mucha dignidad porque tienen un cuerpo y un alma humanos, y que pueden confiar en que su cuerpo les muestre quiénes son en lo que respecta ser un niño o una niña, en vez de cuestionar qué tanto se alinean sus sentimientos o intereses con los estereotipos masculinos o femeninos.

Cuando son pequeños y están en el baño, mientras nos aseguramos que cada parte esté limpia, podemos enseñarles ser agradecidos por cada parte de su cuerpo porque es un buen regalo de Dios. Cuando nace un bebé nuevo en la iglesia, podemos recordarles a nuestros hijos que el cuerpecito de ese pequeñito nos dice si es una niña o un niño, y que el regalo de un humano completamente nuevo es algo para celebrar porque Dios creó a los humanos buenos. Cuando corramos afuera, saltando y jugando, podemos agradecer a Dios por cuerpos buenos que son poderosos y traen gozo. En tiempo de Semana Santa podemos decirles a nuestros hijos que Jesús compró la salvación no solo para nuestras almas sino también para nuestros cuerpos masculinos y femeninos para siempre. Los cuerpos no son un regalo temporal sino algo que disfrutaremos por toda la eternidad.

SEÑALES DE LA BONDAD DE DIOS

También tenemos buenas noticias que decirles a nuestros hijos acerca de la soltería y el matrimonio. Según la Biblia, ambas maneras de vivir pueden comunicar la bondad del verdadero Matrimonio entre Dios y su pueblo, Cristo y su iglesia. Además de ser capaces de confiar en que sus cuerpos puedan decirles quiénes son, nuestros hijos pueden aprender cómo las relaciones son señales que apuntan hacia la bondad de la familia eterna de Dios.

Una de las cosas hermosas acerca de estas señales es que podemos empezar a hablar de ellas con profundidad teológica incluso con nuestros hijos más pequeños, mucho antes que hablemos explícitamente de la sexualidad. Son una imagen que puede crecer con nuestros hijos y funcionar por etapas, preparando las conversaciones posteriores.

LA SOLTERÍA COMO SEÑAL

Empecemos con una breve mirada a la soltería. En nuestra cultura, tanto fuera de la iglesia como dentro, la soltería puede describirse como si fuera una de las maneras de vivir más tristes si perdura por "demasiado tiempo". Nadie se preocupa con sorpresa por el soltero de 22 años de edad; pero generalmente no se puede decir lo mismo del soltero de 42 años de edad. Fácilmente podemos hablar y actuar como si una persona solo realmente llega a ser completa o realizada o madura una vez que tiene una pareja romántica. El problema con este punto de vista es que no es bíblico ni cierto.

Cuando la Biblia habla de la comunidad que Dios está creando, la iglesia de Jesucristo, constantemente usa el leguaje de familia. Hemos "nacido de nuevo" en la familia (Juan 3:3) ¡y también hemos sido adoptados (Efesios 1:5)! Nos convertimos en hermanos y hermanas los unos con los otros. Aunque podemos dejar padre, madre, hermanos y tierras cuando buscamos el reino de Dios, Jesús dice que los ganamos en mucha más abundancia (con persecuciones, añade él, en Marcos 10:29-31).

Lo que no se puede escapar de la visión bíblica es que cuando una persona está en Cristo, también está en su familia. Ser cristiano es estar en relaciones, relaciones que deben estar marcadas con la intimidad, el compañerismo y el gozo de una familia sana. El estado civil de una persona no determina si está en la familia.

Es más, según Jesús, en los cielos nuevos y la tierra nueva, todos nosotros seremos solteros. Descubrimos esto cuando Jesús, en un debate con los líderes religiosos, enseña que no habrá matrimonio humano en el cielo (Mateo 22:29-30). Pero si bien la relación conyugal humana no perdurará, nuestra relación los unos con los otros como hermanos permanecerá. Esta familia es más fundamental que cualquier otra relación. Los cristianos solteros demuestran radicalmente al mundo que los observa que la familia de Dios es más inclusiva y expansiva que lo que el mundo tiene para ofrecer, y es para siempre. Son una señal de que el evangelio no es el primero en decir "No" sino en decir "Sí" a las relaciones amorosas y la entrega mutua.

El Nuevo Testamento dignifica la soltería que se vive con pureza y amor. Una forma que usted puede enseñar esto a sus hijos es en la manera que les habla acerca de su futuro. Podría decidir decir a sus hijos: "si te casas", en vez de "cuando te cases", por ejemplo. Puede hablar de cómo la familia de Dios, la cual lo glorifica como un buen Padre, es una imagen del evangelio, y cómo uno de nuestros mejores regalos como discípulos es participar y edificar esta familia, la iglesia. Esto ayuda a que todos vean cómo la unidad familiar de Dios, por ser eterna, obtiene un lugar de orgullo, y ayuda a sus hijos a saber que siempre tendrán un lugar dentro de ella por medio de Cristo. Usted puede valorizar a sus hermanos en Cristo, celebrando y llorando con ellos como la familia que son, en vez de reservar estas cosas para la familia biológica o legal. En nuestra iglesia, varias familias ofrecen cenas por el Día de Acción de Gracias y Semana Santa donde hay más miembros de la familia de la iglesia que miembros de la familia legal. Con regularidad hablo con mi hija de cómo sus amigas de la iglesia verdaderamente son sus hermanas, y he visto esto reflejado en la manera en que ella ahora habla de ellas también.

Así que, los solteros que están prosperando en la iglesia local son una señal de la familia eterna evangélica que rompe los límites que Dios está creando por medio de Cristo. Todos nosotros, casados o solteros, somos responsables de hacer que otros miembros de nuestra familia espiritual se sientan valorados e incluidos. Los cristianos solteros estarán en una posición para prosperar si toman esto seriamente. En una cultura que cree en la salvación por medio del romance, que no somos personas completas o reales hasta que tengamos una pareja, tener un compromiso para participar gozosamente en la familia de Dios es una visión poderosa de la salvación solo por fe en Cristo. Esto es lo que nuestros hijos necesitan escuchar y ver, no el falso evangelio de que no valen nada a menos que alguien los ame románticamente.

La soltería fiel desempeña un papel importante: es una señal del Matrimonio real entre Jesús y su iglesia, lo cual será consumado cuando Jesús vuelva otra vez (Apocalipsis 19—21). Un discípulo que vive fielmente en la soltería puede referirse al matrimonio humano: "Eso es algo bueno y digno, e incluso si no lo estoy experimentando ahora, no me estaré perdiendo de lo real". Una persona soltera puede declarar con su propia vida que la resurrección es real, y que en verdad viene, y será mejor que cualquier romance terrenal. Esta es una proclamación increíblemente contracultural de la dulzura del evangelio en una sociedad embriagada de romance.

EL MATRIMONIO COMO SEÑAL

Una y otra vez en la Escritura, Dios describe su relación con su pueblo usando la imagen del matrimonio. No es la única imagen que usa Dios, por supuesto; el amor entre amigos también es una imagen del evangelio, así como lo es el amor de una madre por su hijo, y así sucesivamente. Sin embargo, el matrimonio es una de las imágenes del evangelio favoritas de Dios. Una y otra vez vemos que se describe a Dios como un fiel y amoroso Esposo y a su pueblo llamado a ser una fiel y amorosa Novia. La imagen está presente en muchos lugares de la Biblia, teniendo algunos de los ejemplos más famosos en Oseas e Isaías, pero el más destacado es Efesios 5:22-23, donde Pablo escribe: "Maridos, amad a vuestras mujeres, así como Cristo amó a la iglesia, y se entregó a sí mismo por ella" (v. 25) y "Así que, como la iglesia está sujeta a Cristo, así también las casadas lo estén a sus maridos en todo" (v. 24).

Ahora bien, Dios no vio el matrimonio humano y pensó: "Ahh, eso como que me recuerda mi relación con mi pueblo". ¡No! El matrimonio fue diseñado desde el principio para que fuese un modelo, imperfecto y en miniatura pero verdadero, del Matrimonio real. Así que el matrimonio humano, si se conduce con pureza y amor, puede ser una demostración hermosa de la relación de Dios con su pueblo: una imagen viviente del evangelio. Esto es algo que puede compartir con sus hijos una y otra vez.

¿Por qué los esposos y las esposas son llamados a ser fieles a lo largo de todas sus vidas? Porque Dios siempre es fiel con su pueblo, y su pueblo está llamado a amar fielmente a cambio. ¿Por qué los esposos y las esposas dan a luz hijos y tratan de traer niños a sus hogares a través de la adopción? Porque la relación de Dios con su pueblo es una familia fructífera, una red de amor expansivo. ¿Por qué los esposos y las esposas deben dar sus cuerpos solo entre sí, con seguridad y gozo? Porque la relación de Dios con su pueblo es exclusiva: un lugar de verdadera protección y amor íntimo.

¿Y por qué habla la Biblia del matrimonio como algo exclusivo entre un hombre y una mujer, no entre dos hombres o dos mujeres? Porque el amor de Dios por su pueblo y el de su pueblo por él es un amor que trasciende las diferencias, no uno entre dos partes intercambiables. ¡Jesús y la iglesia no son iguales! Y aunque hay muchas formas hermosas de la diferencia humana en el mundo, ninguna es tan fundamental como la diferencia original entre el hombre y la mujer, una diferencia que se registra hasta el nivel celular. Y es este ejemplo especial de diversidad en la unidad, un hombre y una mujer unidos en matrimonio, lo que se utiliza constantemente en la Biblia como imagen de la relación de Dios con su pueblo.

Como explica Pablo en su carta a los Efesios, puesto que Jesús y su pueblo desempeñan diferentes papeles en su relación amorosa, así también los esposos y las esposas han sido llamados a diferentes papeles en su relación amorosa. Los cónyuges cuentan la historia del evangelio desempeñando el papel asignado: los esposos amando a sus esposas como Cristo ama a la iglesia, y las esposas sometiéndose a los esposos como la iglesia se somete a Cristo (Efesios 5:22-33). Editar la historia a fin de que haya dos personas representando a Cristo, o dos personas representando a la iglesia, distorsiona la imagen del evangelio con la misma profundidad de la distorsión del adulterio, o la distorsión de la violencia sexual en el matrimonio. A estas distorsiones y más, Dios les dice "No" porque son pecado contra su gran "Sí" en Cristo.

Sin embargo, cuando un matrimonio es abordado por los discípulos de Cristo con pureza y amor, puede mostrar a su propia manera un vislumbre de lo que es el evangelio. Es una señal hacia el Matrimonio final entre Jesús y su Novia, lo cual será consumado al final (Apocalipsis 19:7; 21:9-10).

En la nueva creación prometida, todos nosotros seremos solteros, y todos nosotros participaremos en el Matrimonio, constituyéndonos en la Novia de Cristo. Eso quiere decir que las iglesias locales ahora, si se llenaran de matrimonio sanos y solteros sanos, tendrán múltiples maneras poderosas de señalar hacia esa visión del evangelio. Nuestros vecinos están anhelando la intimidad, el romance y la conexión, pero se les está vendiendo una imitación plástica y barata de lo verdadero por el mundo que los rodea. Solamente en Cristo, donde el pecado es perdonado, donde la transformación está disponible, donde se promete el amor que conquista la muerte, se puede satisfacer este anhelo. Es lo que necesitamos; es lo que necesitan nuestros hijos; es lo que necesitan nuestros vecinos y el mundo.

Cada vez que algo en nuestra vida exalta el romance, podemos hablar con nuestros hijos acerca de cómo ese deseo se satisface en el matrimonio de Dios con su pueblo. Cada vez que una historia celebra la pertenencia y la familia, podemos decirles a nuestros hijos acerca del diseño de Dios para que nosotros tengamos estas cosas, y cómo las está proveyendo primero en su iglesia. Cada vez que nuestra cultura cuenta una historia de que la soltería es peligrosa o triste, podemos decirles a nuestros hijos acerca de nuestro Salvador soltero, quien demostró que los humanos no necesitan un simple romance para vivir bien; nosotros tenemos todo lo que necesitamos en Dios y en su pueblo para prosperar.

Si nuestros hijos escuchan continuamente las formas en que estas cosas señalan positivamente hacia el evangelio, tendrán fluidez con el *porqué* de la ética sexual de Dios. Esto tranquilizará su modo de entender los diversos "Nos" que Dios dice. Pero antes de poder avanzar, necesitamos hablar del equipamiento de nuestros hijos no solo con teología sino con biología. No podemos tener conversaciones completas sobre las preguntas LGBT+ sin preparar el trabajo preliminar de los cuerpos físicos y la reproducción, a lo cual acudiremos luego.

PRINCIPIOS CLAVE

- ▲ Dios nos creó hombre y mujer, y podemos confiar en que nuestros cuerpos nos digan quiénes somos: niños o niñas, hombres o mujeres.
- Dios creó el matrimonio y la soltería para contar la historia del evangelio. Estas dos maneras de vivir pueden ser gozosas, fructíferas y satisfactorias en la familia de Dios.

PRÁCTICAS PARA CRIAR HIJOS

- ● Busque ejemplos y oportunidades de la vida diaria para enseñar acerca de la bondad de nuestros cuerpos y reforzar la bondad de la creación de la humanidad como hombre y mujer. Piense creativamente en la hora del baño, el nacimiento de bebés y en la diferencia entre el hombre y la mujer.

- Asimismo, mencione frecuentemente cómo la soltería y el matrimonio cuentan el evangelio. Cuando vea películas, escuche canciones y disfrute con sus amigos solteros y casados, recuérdeles a sus hijos acerca de la imagen del evangelio presente en estos lugares.
- Enseñe a sus hijos acerca de la familia de Dios: cómo los creyentes son todos hijos e hijas de nuestro Padre en el cielo, y por lo tanto, hermanos y hermanas entre sí. Practique valorar a la familia de su iglesia local con sus hijos: invite a diferentes tipos de personas a una comida familiar caótica y a la hora de acostarse, o juntos asistir a un evento de importancia en la vida de un amigo de la iglesia, como por ejemplo una fiesta de cumpleaños.

2

CONVERSACIÓN SOBRE EL SEXO

CUANDO RECOGÍ A MI hija del kindergarten un día a principios de primavera, ella me dijo con toda franqueza: "Mi maestra dijo que su esposa estaba embarazada". Estoy segura que dije algo profundo como "¡Oh!" Mi hija continuó, como reflexionando para sí misma: "Pero no es posible que mi maestra y su esposa tengan un bebé por sí mismas, así que me pregunto qué hicieron al respecto".

Quedé impactada y aliviada por su tono de voz. Ella no se estaba burlando de su maestra, ni tenía miedo ni estaba confundida. También tuve el placer de ver que mis intentos en explicarle la concepción, poco a poco durante los últimos dos años, había producido un conocimiento práctico que le dio la capacidad de reflexionar sobre la situación de su maestra.

Comencé explicándole la reproducción a mi hija cuando bordeaba la tierna edad de tres años, si no antes (los detalles de la vida con una niña pequeña me son borrosos, considerando lo agotadores que fueron esos años). Y en este capítulo, quiero ayudar a desarrollar su confianza de que ambos pueden y deben hablar del sexo con sus hijos más temprano de lo que podrían pensar.

Esto podría ser muy diferente a su propia experiencia al aprender sobre el sexo. No crecí en la iglesia, así que tuve que recoger los patrones básicos de crecer como una persona evangélica (por lo menos en Estados Unidos) hablando con mis amigos. Me siento como una especie de antropóloga antigua, equipada con un sombrero de campo y un libro de apuntes, transcribiendo rituales muy extraños para mí. Una de las historias más comunes que he escuchado es cómo se lidió con "la conversación". Parece que muchas personas recibieron una especie de libro vergonzoso de sus padres cuando estuvieron en el proceso de la pubertad, y luego nunca volvieron hablar de ello o tuvieron una conversación terrible en un entorno muy formal. Estoy segura que las experiencias varían en la efectividad con la que funcionó esta técnica para producir una relación sana y santa con la sexualidad. Pero este enfoque es exactamente el equivocado si queremos ayudar a que nuestros hijos aborden bien las preguntas LGBT+. Esto no es para culpabilizar a nuestros padres, los cuales probablemente estaban haciendo lo mejor posible con lo que se les había enseñado. Pero con el apoyo de la palabra de Dios, el pueblo de Dios y el Espíritu de Dios, podemos darles a nuestros hijos algo mucho mejor que lo que muchos de nosotros recibimos.

CONSIDERANDO POR QUÉ

Para la mayoría de nosotros, la idea de hablar con nuestros hijos abierta y honestamente sobre la sexualidad es tan atractivo como cruzar el tráfico con los ojos vendados. Nos preocupamos de que vayamos a cometer errores. Nos preocupamos de que expondremos a nuestros hijos a un tema tan adulto demasiado temprano. Nos preocupamos de avergonzarnos y ponernos nerviosos. La única manera de vencer estos poderosos elementos de disuasión es reconocer que hablar con nuestros hijos acerca del sexo temprano en realidad los ayudará a largo plazo. Aquí tenemos tres razones por las que estoy convencida de esto.

Una razón es que equipar a nuestros hijos con biología básica ayuda a protegerlos del abuso sexual. Horrorosamente, algunos adultos se aprovechan de la ignorancia, el temor y la confusión de los niños para obtener acceso al cuerpo de un niño y evitar que se descubra el propio abuso que sufrieron. Un niño que no sabe los nombres propios de sus genitales, o que ciertas partes de cuerpo deben mantenerse privadas, es menos probable que pueda entender o reportar lo que le esté sucediendo. Yo desesperadamente desearía que esta no fuera mi razón número 1. Pero darles a nuestros hijos cierta comprensión de que nadie debe tocarlos en ciertas áreas ni pedirles que los toquen en ciertas áreas es una parte importante de proteger a nuestros hijos contra el abuso y equiparlos para reportar peticiones o conductas inapropiadas.

Con relación a esto, una segunda razón para hablar con nuestros hijos acerca del sexo temprano es que queremos que nuestros hijos sepan que somos expertos dignos de confianza cuando se trata de la sexualidad. Si somos los primeros en comunicar a nuestros hijos acerca del sexo, y si podemos hacerlo con calma y confianza, sin vergüenza o tonterías, entonces nuestros hijos serán más capaces de decirnos si ven o escuchan algo que contradiga lo que han escuchado de nosotros. Incluso aparte del abuso, los niños viven en un mundo social. Nunca sabremos cuándo nuestro hijo protegido de siete años podría encontrarse en la Escuela Dominical con otro niño de siete años que tiene un hermano mayor de 17 años que habla bastante acerca de cosas de adolescentes delante de su hermano menor. Además, si nuestros hijos van a la escuela, es importante que busquemos información acerca de lo que se les está enseñando y cuándo. Puede ser que ciertos temas ahora se enseñan más temprano o con mayor detalle que cuando éramos jóvenes, y tratarlos con nuestros hijos en casa, *antes* que los aprendan en la escuela, es esencial.

El mundo está confundido y confunde cuando se trata de la sexualidad, antes que ni siquiera lleguemos a las preguntas LGBT+. ¿Es el sexo algo barato y divertido que se puede hacer para que nos haga sentirnos bien y que no lastimará a nadie? ¿O es algo serio, significativo y poderoso, tanto que uno tiene que cerciorarse de participar en ello para ser un verdadero adulto? ¿O no es ninguna, o es ambas, de estas cosas? Como cristianos, sabemos que las diversas historias que nuestra sociedad cuenta y cree sobre la sexualidad están revueltas y revuelven. Simplemente no hay manera de aislar completamente a nuestros hijos de estos mensajes. Y aun si pudiéramos en la niñez, la visión de Jesucristo para nuestros hijos es que crezcan para ser discípulos que estén en el mundo pero no sean parte de él (ver Juan 17:14-16). Tenemos un enorme papel que desempeñar para prepararlos para esa vida de discipulado que oramos que adopten.

Si nuestros hijos saben que mamá y papá les dirán la verdad sobre el sexo, que sabemos acerca del sexo y no nos avergüenza, ellos pueden tener confianza para venir a nosotros con preguntas y chequear los mensajes que escuchan contra lo que ya tienen establecidos de parte de nosotros. Por muy aterrador que pueda ser imaginarse teniendo estas conversaciones, es mejor que nuestros hijos escuchen acerca de la sexualidad por primera vez de personas que los conozcan, los amen y quieran lo mejor para ellos, que de cualquier otra persona.

Esto nos lleva a una tercera razón para tener conversaciones temprano: nosotros no solo estamos conscientes de proteger a nuestros hijos; también queremos que puedan regocijarse y acoger la visión positiva de Dios para la sexualidad, la cual se presentó en el capítulo 1. Nadie puede vivir de una dieta del "No"; somos alimentados y nutridos por el "Sí". Ahora bien, eso no quiere decir que su niñito necesita un seminario de maestría sobre la sexualidad humana. Pero una vida del "Sí" se edifica sobre un fundamento sólido establecido por los padres y otros adultos de confianza. Y este "Sí" es lo que ayuda a nuestros hijos a considerar detenidamente con discernimiento cualquier postura sobre la sexualidad que no corresponda al diseño de Dios. Ladrillo tras ladrillo apropiado para la edad, podemos darles a nuestros hijos algo sólido, verdadero e incluso hermoso.

CONSIDERANDO CÓMO

De todos los lugares donde una persona podría empezar, uno de los mejores es simplemente enseñar el vocabulario. Sabemos esto aun por la manera en que enseñamos a nuestros hijos ideas complejas y profundas de nuestra fe cristiana. No esperamos que nuestros niñitos articulen una doctrina de la Trinidad, pero les enseñamos los nombres de las tres Personas en el único Dios verdadero y viviente: el Padre, el Hijo y el Espíritu Santo. No nos metemos en los detalles de las teorías de la expiación con nuestros estudiantes de kindergarten, pero para contarles la maravillosa noticia del evangelio, necesitan palabras específicas como *cruz, pecado, salvación, perdón*.

Así también con la sexualidad: necesitamos primero darles a nuestros hijos las palabras correctas. Todos los niños pueden y deben tener acceso a los nombres reales de las partes de sus cuerpos. Cuando se trata de sexualidad el primer ladrillo que necesitan sus hijos para el fundamento es que un hombre tiene un pene y una mujer tiene una vagina.

Algunos de nosotros crecimos usando palabras muy tontas para los genitales. Otros crecimos sin que se mencionaran vaginas y penes en absoluto; esa área de nuestro cuerpo se mencionaba vagamente o nunca. Algunos de nosotros aún se sienten incómodos diciendo "pene" o "vagina" aun en un entorno médico. Pero estas palabras no son inapropiadas, y nuestros hijos las necesitan. ¿Está usted solo ahora mismo, leyendo? Podría practicar en este preciso momento solo a decir "vagina" y "pene" en voz alta. Tal vez se sentirá especialmente raro; pero tenemos una oportunidad mucho mejor de poder enseñar estas palabras a nuestros hijos si las hemos practicado. Si podemos comunicar con un tono calmado y confiado: "Ese es tu pene" y "Esta es tu vagina", nuestros niños recibirán nuestra experiencia y absorberán que no tienen por qué sentirse con miedo o avergonzados de los cuerpos que Dios les dio.

Si enseñar "vagina" y "pene" constituye la Ronda 1, las partes del cuerpo que uno puede ver, el vocabulario en la Ronda 2 prosigue con las palabras que describen cosas que nuestros hijos no pueden ver pero que son vitales para explicar la sexualidad. Estas palabras son "semilla" y "huevo".

La pregunta de cuándo introducir estos términos, que son menos obvios que "pene" y "vagina", tiene que ver con cuándo sus hijos empiezan a preguntar de manera natural acerca de bebés y el embarazo. Mi hija era una de esas niñas que estaba fascinada con los bebés y recién había empezado a preguntar sobre ellos a una edad temprana. Yo literalmente no tenía la menor idea de qué hacer pero asumí que contarle acerca de los principios básicos biológicos probablemente era un buen fundamento. En cuanto a biología básica, eso significa la unión entre el esperma y el huevo, pero cuando consideré esos términos, tuve un conflicto. "Huevo" era un concepto que ya conocía mi hija, pero "esperma" parecía invitar más problemas en vez de resolverlos. Como obsesionada estudiosa de la Biblia, pensé que "semilla" funcionaría igual de bien; esta es la palabra que se usa a lo largo de la Biblia en las promesas relacionadas con la descendencia, como en Génesis 22:18, cuando Dios le promete a Abraham: "En tu simiente serán benditas todas las naciones de la tierra". Y mi hija podía ver otros tipos de semillas, así como también podía ver otros tipos de huevos.

Recientemente me enteré de un gran programa para enseñar a los padres a hablar con sus hijitos acerca de sexo, llamado Birds and Bees (Pájaros y Abejas), también usa el lenguaje de semillas y huevos para enseñar los principios básicos.[1] Esto fue un tremendo alivio para mí, ya que yo definitivamente estaba improvisando. Mi amiga Julie, madre de cuatro niños, me presentó Birds and Bees, y después de haber escuchado estos materiales, los recomiendo muchísimo.

Recomiendan que no saltemos directamente a la reproducción humana, sino en cambio que inculquemos una fascinación en nuestros hijos con la forma en que crecen las cosas. Me encanta este consejo porque nos recuerda que si bien nosotros los humanos hemos sido creados "poco menor que los ángeles" (Salmo 8:5), también somos personas que vienen del polvo (Génesis 3:19), un tipo de criatura entre muchas. Dios diseñó la vida para reproducir de ciertas maneras, y nosotros somos parte de eso.

Francamente, en la mayoría de sociedades a través de la historia, las familias vivían con animales y estaban rodeadas de ellos todo el tiempo. Uno necesitaba vacas para la leche, gallinas para los huevos y así sucesivamente. No llevaría mucho tiempo que los niños aprendieran de dónde venían las vaquitas nuevas porque vivían rodeados de ellas. Pero aquí estamos, en apartamentos en vez de granjas, con mascotas domésticas esterilizadas y castradas. Necesitamos la ayuda extra.

Su hijo tal vez esté familiarizado con las semillas de las plantas y cómo la semilla de un frijolito verde plantado

---

[1] https://birds-bees.com/

producirá, con agua y luz, una nueva planta de frijolitos verdes. Luego podemos explicar que para los animales, necesitamos que se unan una semilla y un huevo. Para los animales, las semillas por sí solas no producen nueva vida, y tampoco los huevos. Los cachorritos vienen de la unión de las semillas y los huevos de los perros; los lechoncitos vienen de la unión de las semillas y los huevos de los cerdos.

Esto significa que cuando llegamos a hablar acerca de dónde vienen los bebés humanos, ya hemos establecido el fundamento; vienen de la unión de una semilla humana y un huevo humano.

Muchos de nosotros tenemos hijos que hacen muchas preguntas, pero otros no. Otro consejo que me encantó del programa Birds and Bees fue que algunos de nuestros hijos simplemente no hacen preguntas, y sin embargo también necesitan saber acerca de la reproducción. Birds and Bees tienen una frase encantadora: "¿Alguna vez te has preguntado...?" Así que usted puede preguntarle a su hijo: "¡Oye! ¿Alguna vez te has preguntado de dónde vienen los bebés? Bueno, es increíble, déjame decirte". Usted podría intentar esto primero con las crías de animales y avanzar hasta llegar a los bebés humanos.

Ya sea que usted tenga a un preguntón o no, estas conversaciones sobre penes y vaginas, semillas y huevos, no son un asunto de una sola vez. Repito, esto es igual a cómo enseñamos a nuestros hijos acerca del evangelio. Nosotros simplemente no explicamos la muerte de Jesús en la cruz una vez y nunca más lo volvemos a explicar. No, puesto que es la buena noticia más importante que pueden escuchar nuestros hijos, hablamos temprano y con frecuencia acerca de los principios básicos de la fe cristiana. Sabemos que nosotros y nuestros hijos necesitamos escuchar mucho el evangelio para realmente interiorizarlo y corregir malentendidos que se pudieran haber metido en el proceso. El principio con la sexualidad es parecido. Poco a poco, queremos contestar las preguntas de nuestros hijos, usar el vocabulario correcto y desarrollar en ellos un placer y conocimiento del hermoso proceso de la nueva vida. Ellos no recibirán todo lo que necesitan en solo una conversación.

LA CONVERSACIÓN SOBRE EL SEXO

Pero seamos sinceros: cualquier cantidad de veces que se identifiquen los penes y las vaginas, o se hable de semillas y huevos, no lo librará de explicar cómo *esa* semilla humana llega hasta *ese* huevo humano.

Una vez más, yo aprecio la sabiduría con la que el currículo de los Birds and Bees habló sobre este aspecto de la conversación; me faltan palabras para recomendar lo suficiente su enfoque en cómo hablar con los hijos acerca de la concepción. Ofrecieron muchas cosas, pero un recordatorio y un consejo práctico realmente sobresalió.

El recordatorio era que cuando pensamos o hablamos de sexo, somos adultos. Tenemos bagaje, historia y toda clase de emociones acerca de la sexualidad que traemos como parte nuestra. Esto incluye el hecho de que por haber atravesado la pubertad, somos seres sexualizados de una manera que los niños pequeños no lo son. Esta es otra gran razón para hablar con nuestros hijos temprano: ellos no tienen este bagaje, y no se relacionan con el acto sexual de la misma manera. Por ejemplo, podríamos preocuparnos de que simplemente hablar de los procesos biológicos pudiera ocasionar que empiecen a sentir el deseo sexual. Honestamente, es más probable que escuchen los detalles y piensen: "¡Puaj, yo nunca haría eso!"

El consejo fue un verdadero libreto para decirles a los hijos cómo sucede la concepción. Si no han tenido la conversación de la semilla y el huevo, o si ha pasado un buen tiempo, puede comenzar recordándole a su hijo que cuando una semilla se encuentra con un huevo, ese es el principio de la vida de un nuevo bebé. Y luego la descripción: "El esposo pone su pene dentro de la vagina de su esposa. Luego viaja la semilla a través del pene hasta llegar al huevo dentro de la esposa".

Respire hondo. Tome un vaso de agua. Pero más que todo, practique la oración. Es muy útil no hacerlo solo en este momento sino tener una frase preparada, y esta tiene mucho que elogiar. Primero, es explícita con respecto a los esposos y las esposas, enseñando que hay un contexto correcto y un compromiso para este acto. Segundo, es biológica, médica y completamente precisa, pero sin entrar en los detalles que no necesitan los niños. Tercero, muestra la naturaleza complementaria del cuerpo masculino y femenino, la necesidad de ambos, y su dignidad en la participación en la creación de nueva vida. Por supuesto, no lo dice todo; mucho después los hijos pueden llegar a entender que la conexión sexual no es simplemente para la concepción, que la infertilidad es real y que los hombres y las mujeres son más que solamente su diseño reproductivo. Todos sabemos que la sexualidad es mucho más que esas dos oraciones. Y sin embargo, para la tarea que tenemos por delante, esas oraciones sirven hermosamente.

Una vez que ha establecido este fundamento, usted puede regresar a él cuando sea necesario, y sí que lo necesitará. Con mucha vergüenza (para mí), mi hija me preguntó en el carro, meses después que le había explicado cómo la semilla llegó hasta el huevo, si yo tuve que tragar la semilla para que llegara hasta el huevo. ¡Quién sabe cómo se veía mi rostro! Pero por la gracia de Dios pude explicar calmadamente que, no, porque los bebés no crecen en las barrigas, la semilla no puede llegar al huevo de la manera en que la comida llega al estómago. Los bebés crecen en úteros, y la semilla llega hasta el huevo en el útero viajando a través del pene del esposo, el cual se coloca dentro de la vagina de su esposa, porque la vagina conduce al útero. Ella dijo algo así como: "Ah, sí, eso tiene sentido", y, aparte de un rostro bien rojo por parte mía, todos estábamos bien.

Si usted practica hablar con calma y confianza, sus hijos sentirán que usted es la persona experta. Les puede decir que si alguna vez escuchan algo diferente o confuso sobre la sexualidad, pueden acudir a usted, y usted les dirá la verdad.

¿CÓMO SE RELACIONA ESTO CON LAS PREGUNTAS LGBT+?

Dar a nuestros hijos una descripción clara y honesta del diseño de Dios para la sexualidad en sus aspectos fisiológicos es un componente crucial para tener conversaciones sanas acerca de las preguntas LGBT+. Si bien pienso que la imagen teológica que exploramos en el capítulo 1 es incluso más importante, simplemente no podemos ignorar la importancia de hablar acerca de la biología también.

Si les damos a nuestros hijos el vocabulario correcto para los genitales, esto refuerza el orden establecido de masculino y femenino. Los niños y los hombres tienen penes; las niñas y las mujeres tienen vaginas. Dios creó al hombre y a la mujer muy buenos, y aunque los genitales no son la única señal del sexo, son confiables. En un mundo que dice que el género se basa en un sentimiento interno, establecer los hechos externos acerca de nuestros cuerpos es un fundamento sólido como la roca sobre el cual usted puede edificar posteriormente. Cuanto más temprano les demos a nuestros hijos las palabras correctas para las partes del cuerpo, y más temprano nos establezcamos como expertos en quienes puedan confiar, mejor podrán descansar en la bondad del diseño de Dios.

Si les damos a nuestros hijos el conocimiento médico apropiado para su edad de cómo funciona la concepción, estarán equipados para comprender que los cuerpos masculinos y femeninos se unen para producir vida nueva, algo distinto y hermoso. Esto respalda la verdad teológica de que la relación de Dios con su pueblo es fructífera, trayendo vida donde no la había, lo cual es parte de cómo el matrimonio es una imagen del evangelio. Puede producir un fundamento sobre el cual nuestros hijos sepan que la semilla y solamente la semilla, o el huevo y solamente el huevo carecen de poder de esta manera. Yo no creo que este hecho de por sí pueda vencer el fuerte mensaje que busca la aprobación de las relaciones románticas y sexuales de personas del mismo sexo que escucharán nuestros hijos, pero sí creo que los hechos de la biología tal como fueron creados y dados por Dios revelan su orden de maneras vívidas y poderosas.

Un conocimiento temprano de que nuestro amoroso y sabio Dios creó todas estas cosas equipa a nuestros hijos a ver que mientras que el mundo usa la sexualidad de diferentes maneras, solo ciertos usos son bendecidos por Dios y producen su buen fruto evangélico.

Habiendo establecido eso, hay más conversaciones concretas que usted necesitará tener con sus hijos acerca de las preguntas LGBT+. Las consideraremos en el capítulo 4, pero antes de hacer eso, necesitamos explorar brevemente otra conversación teológica profundamente importante: cómo el pecado ha impactado el buen diseño de Dios.

PRINCIPIOS CLAVE

- ▲ Usted es el mejor primer maestro de su hijo cuando se trata acerca de aprender sobre la reproducción; sea sabio y valiente al asumir esta tarea.
- ◡ Enseñar a los hijos los nombres correctos de las partes de sus cuerpos y también cómo funciona la reproducción, ayuda a mantenerlos seguros y les da un fundamento fuerte para la sexualidad sana y bíblica.

PRÁCTICAS PARA CRIAR HIJOS

- Busque maneras de hablar acerca de cómo Dios diseñó que comenzara la nueva vida animal: siempre con una semilla y un huevo. Muchos libros y programas para niñitos se enfocan en las crías de animales, lo cual es un fabuloso punto de entrada.

- Use los términos correctos para referirse al cuerpo de su hijo y otros cuerpos; es bueno que sus hijos sepan que los machos tienen penes y las hembras tienen vaginas.
- Practique estas oraciones: "El esposo coloca su pene dentro de la vagina de su esposa. Luego la semilla viaja a través del pene hasta llegar al huevo dentro de la esposa".
    - Su hijo podría preguntarle algo así como "¿Pero cómo llega la semilla al huevo?" O ¿cómo se mete el bebé dentro de la mamá?"
    - ¡Y usted ha practicado para este momento! ¡Usted está listo!
    - Usted entonces puede decir: "Me alegra que lo hayas preguntado. Esta es una pregunta fabulosa. Es asombroso cómo lo diseñó Dios. La manera cómo sucede esto es, el esposo coloca su pene dentro de la vagina de su esposa. Luego la semilla viaja a través del pene hasta llegar al huevo dentro de la esposa".
- Nunca es demasiado tarde para empezar con estos principios. Incluso si usted no ha usado los términos correctos antes, o hablado acerca de estas cosas temprano con su hijo, usted puede empezar ahora. Es muy importante que su hijo sepa que usted es una persona segura y conocedora a quien acudir con preguntas sobre los cuerpos y la sexualidad.

3

EL IMPACTO DE LA CAÍDA

ME ENGAÑARON PARA mudarme a Nueva Inglaterra gracias a la astuta publicidad universitaria. Todo trataba del otoño. Como californiana, me parecieron intoxicantes las fotos de estudiantes disfrutando la vida universitaria entre árboles rojos, anaranjados y amarillos vibrantes. Los folletos hacían que pareciera que era otoño perpetuo en el campus, y quedé enganchada. Al haber vivido aquí por varias décadas desde que estudié en la universidad, puedo confirmar que el otoño en Nueva Inglaterra realmente es asombroso, repleto de sidra, donas, calabazas y, sí, aquellas hojas hermosas.

Lamentablemente, cuando se trata de la Biblia, la Caída significa algo totalmente distinto: no es el momento en que todo está bien sino cuando todo salió mal.

Hasta ahora hemos visto que Dios tiene una visión positiva para nuestros cuerpos, para la soltería y para el matrimonio, y cómo hablar con nuestros hijos temprano acerca de sus cuerpos y la reproducción ayuda a reforzar este buen diseño. Pero no nos toma mucho tiempo para darnos cuenta que no experimentamos nuestros cuerpos o nuestras relaciones de una manera sencilla. Y especialmente a medida que nuestros hijos crecen y se exponen a preguntas LGBT+, observamos que no todos parecen saber o importarles el buen diseño de Dios, y no todo parece alinearse con ello. Necesitamos discipular a nuestros hijos teniendo en cuenta estas realidades, para que podamos prepararlos mejor para participar en estas preguntas con la verdad y el amor de Jesús. Primero, en este capítulo, hablaremos sobre los conceptos teológicos, y en los siguientes capítulos, consideraremos cómo relacionarlos con nuestros hijos, especialmente conforme crecen.

PECADO Y QUEBRANTAMIENTO

La Caída es una palabra para describir el pecado y el quebrantamiento que entraron al mundo y a todos nosotros a causa del pecado de nuestros primeros padres.

Hay dos dinámicas en juego aquí. La mayoría de nosotros probablemente estamos familiarizados con la palabra "pecado", que describe la mala conducta y el sentimiento equivocado que nos infecta a todos nosotros, como individuos y colectivamente, y por los cuales somos responsables. "Quebrantamiento" o "condición caída" se refiere a cómo el pecado de nuestros primeros padres ha fracturado la creación (incluyendo la humanidad), como rajaduras en una hermosa pieza de cerámica, y de maneras que nos hacen sufrir y sin embargo no son la culpa de un individuo.

El pecado y el quebrantamiento no son parte de la buena creación original de Dios; entraron posteriormente a causa de la rebelión de la humanidad. Y tampoco serán parte de la futura creación restaurada de Dios. Un día, Dios quitará permanentemente el pecado y sus consecuencias. Pero aquí y ahora, todos vivimos con esta enfermedad dentro de nosotros, un defecto congénito de nacimiento. Pecamos porque somos pecadores, estamos rechazando activamente el amoroso gobierno de Dios en nuestras vidas. Sufrimos porque estamos quebrantados, somos personas con mentes y cuerpos imperfectos que viven en un mundo hermoso que también está reventado.

Vemos ambas categorías en juego en la historia en que Jesús se encontró con un hombre que había nacido ciego. Le preguntaron a Jesús: "¿Quién pecó, este o sus padres, para que haya nacido ciego?" Jesús respondió: "No es que pecó este, ni sus padres" (Juan 9:3a). El hombre no había nacido ciego por algún pecado de sus padres sino por la condición caída general causada por el pecado de Adán y Eva (y para que "las obras de Dios se manifiesten en él"). Por supuesto, el hombre pudo haber pecado como respuesta a su quebrantamiento. Pudo haber maldecido a Dios por haber permitido que tuviera la ceguera, por ejemplo. A menudo pecamos como respuesta al quebrantamiento, en efecto, porque somos pecadores. Podemos tener una condición de quebrantamiento en nuestras mentes y cuerpos, y también una respuesta pecaminosa a ese quebrantamiento en nuestros corazones.

Estas dos categorías pueden ser útiles con las preguntas LGBT+, y usted no necesita ser un experto para comenzar a usarlas con sus hijos. Aquí tenemos algunos lugares donde empezar.

Primero, podemos ayudar a que nuestros hijos entiendan que, como cristianos, esperamos que las cosas vayan mal con nuestras mentes y cuerpos. El quebrantamiento impacta a todos nosotros, por lo menos a través del proceso de envejecimiento y fragilidad. Ayudamos a nuestros hijos cuando reconocemos que no hay una cierta clase de personas cuyos cuerpos han sido impactados. Somos todos nosotros, de una manera u otra. Asimismo, enseñamos a nuestros hijos que todos nosotros hemos nacido rebeldes. No somos fundamentalmente buenas personas que a veces pecan. Todos pecamos porque todos queremos pecar, porque somos pecadores.

El quebrantamiento y el pecado que introdujo la humanidad con la Caída complica nuestra relación con el buen diseño de Dios. El quebrantamiento, por ejemplo, a menudo significa que no podemos reconocer todo el diseño porque las cosas en el mundo están dañadas. Y el pecado significa que nuestros corazones anhelan la rebelión en contra de Dios, y actuamos en base a esos anhelos. No hay problemas más grandes que enfrente la humanidad que estos. Solo la muerte y la resurrección de Jesucristo, el Dios y hombre perfecto, era suficiente para perdonar nuestro pecado, para traernos sanidad y vida, y para conseguir la renovación futura de la creación.

Si abordamos las preguntas LGBT+ como si el quebrantamiento y el pecado están simplemente *por ahí* y no primero en nosotros mismos, estaríamos mintiendo. Necesitamos nosotros mismos el evangelio primero. Pero nuestros vecinos también lo necesitan. Esta complejidad de quebrantamiento y pecado significa que muchos a nuestro alrededor están ansiosos por afirmar las relaciones homosexuales y las identidades transgénero. Armados de una visión positiva de la sexualidad y una comprensión de la Caída, podemos ayudar mejor a que nuestros hijos entiendan y respondan bíblicamente. Primero, consideraremos las identidades transgénero; luego hablaremos acerca de los trastornos del desarrollo sexual; y finalmente nos enfocaremos en la atracción hacia personas del mismo sexo y las relaciones homosexuales.

IDENTIDADES TRANSGÉNERO

Uno de los desafíos en lo que respecta a equipar a nuestros hijos a pensar bíblicamente acerca de las identidades transgénero es que la cultura que nos rodea se está moviendo muy rápido, podemos sentir como si estuviéramos tratando de abordar un tren que ya está en marcha. Pero vale la pena establecer algunos puntos de partida básicos. Hablando en general, cuando un hombre elige vivir en el mundo no como un niño o como un hombre, o cuando una mujer elige vivir en el mundo no como una niña o como una mujer, lo más probable es que han adoptado una identidad transgénero. Tal vez quieran que la gente los identifique como el género "opuesto" a su sexo biológico (por ejemplo, un hombre que quiere ser identificado como una mujer). O quizás quieran identificarse en una categoría de género no relacionada con un sexo en particular, tales como "no binario" o "fluidez de género". Incluso en estas pocas oraciones, podemos sentir cuán complejo es todo esto, y podemos fácilmente sentirnos abrumados, aun antes de tratar de conversar con nuestros hijos al respecto.

Menos mal que las verdades del diseño positivo de Dios combinadas con la Caída nos ofrecen muchas herramientas para comprender las diversas razones por las que una persona podría elegir adoptar una identidad transgénero.

Algunas personas tal vez elijan una identidad transgénero como respuesta a la disforia de género. Esta es una experiencia que varía ampliamente pero incluye incomodidad e incluso una sensación de alienación del cuerpo con que nació una persona. Como cristianos, no nos sorprende cuando los cuerpos no están experimentando la manera en que fueron diseñados, ¡porque sabemos acerca de la Caída! Podemos reconocer que la experiencia de la disforia de género es real sin afirmar que la adopción de una identidad transgénero sea lo correcto.

También es útil saber que algunas personas adoptan una identidad transgénero por razones distintas a la disforia de género. Por ejemplo, a veces les parece que es una respuesta apropiada al sexismo: la batalla constante a lo largo de la historia entre los sexos puede hacer que algunas personas piensen que quizás el mejor remedio es desechar todas las categorías. Como cristianos el pecado de sexismo no nos sorprende. Lo vemos en el propio Génesis 3.

Observamos, entonces, que muchas personas adoptan las identidades transgénero como respuesta a problemas reales: problemas con la manera en que se sienten con respecto a sus cuerpos y problemas con la manera en que las personas se relacionan entre sí. Como cristianos, ¡podemos estar de acuerdo con que estos son problemas! Podemos comprender por qué gente creada a la imagen de Dios busca soluciones a los problemas. Aunque también comprendemos que debido a que nacemos rebeldes, que buscamos soluciones dentro de nosotros mismos en lugar de Dios, nuestras respuestas jamás enfrentarán los desafíos que plantean los problemas. Tratar de vivir en oposición a la manera en que Dios creó nuestros cuerpos no puede producir paz perdurable. Podemos tener conocimiento y compasión en cuanto a los problemas, mientras insistimos en que el propio evangelio es lo que promete la solución.

Dios vino como hombre, nacido de una mujer, para redimir a la humanidad, tanto hombres como mujeres. Eso no quiere decir que aceptar a Jesús como Señor y Salvador hace que el sexismo desaparezca instantáneamente o que se evapore la disforia de género. Como cristianos sabemos que el quebrantamiento e incluso el pecado permanecen hasta el día en que Jesús regrese. Pero sí significa que en Cristo, somos empoderados para aceptar el regalo de nuestros cuerpos y trabajar por la dignidad de todo.

Es más, Cristo promete regresar y dar a su pueblo cuerpos totalmente nuevos como parte de los cielos nuevos y la tierra nueva, lo cual, para aquellos con disforia de género, significa un cuerpo con el cual finalmente se sentirán muy cómodos, si es que confían en Cristo. Nadie más puede hacer eso, pero es una promesa para todo el que venga a él.

Esta es una buena noticia que podemos darles a nuestros hijos. Ellos pueden confiar en sus cuerpos, y pueden confiar en que Dios creó a la humanidad, hombre y mujer, a su imagen, y que aun cuando el quebrantamiento y el pecado toquen estas verdades, Jesús es más poderoso y promete restauración.

Estas verdades podrían surgir en nuestra crianza de hijos de numerosas maneras. A veces, por ejemplo, podríamos estar viendo películas o programas antiguos que tienen estereotipos de hombres o mujeres. Podemos poner atención a lo que estas historias comunican acerca de los hombres y las mujeres, y enfatizar que las representaciones unidimensionales no comunican la misma visión que Dios tiene para nosotros. Nuestros hijos necesitan saber que no tienen que ser definidos por los estereotipos. Si tenemos un hijo que le gusta el arte más que el deporte o una hija que quiere ser bombero cuando sea mayor, no tenemos que quitar eso de ellos. Da la casualidad de que a mí me encanta ver fútbol americano y no puedo cocinar, mientras que mi esposo disfruta cocinar y no le interesa ver hombres en una pantalla, corriendo por la cancha de arriba para abajo. ¡Pero esto no nos hace menos mujer ni menos hombre! Podemos confiar en que nuestros cuerpos nos digan a nosotros y a nuestros hijos si somos hombre o mujer.

Para algunas personas, sin embargo, son sus cuerpos los que están haciendo preguntas. Así que consideremos eso a continuación.

TRASTORNOS DEL DESARROLLO SEXUAL / CONDICIONES INTERSEXUALES

Hemos visto que la Caída ha impactado a toda la creación y los cuerpos humanos de maneras dificultosas, o sea que las cosas no siempre funcionan de acuerdo al diseño. Cada cuerpo humano está caído debido al pecado que escogió la humanidad.

Pero algunas personas nacen con desafíos físicos particulares. Por ejemplo, conozco un niño que nació sin partes de su oído interior, es decir que sin la ayuda de un audífono, su oído no funcionará como se debe. Sin duda usted conoce a alguien que nació con una discapacidad o algún tipo de desafío físico, o usted mismo tal vez nació con un desafío físico. Los cristianos no se sorprenden que estas cosas sucedan. Tal como Jesús dejó en claro, no son el resultado de algún pecado cometido por parte del bebé o los padres. Son una consecuencia más general de la Caída.

Así como un bebé puede nacer con un trastorno en su capacidad auditiva, así también un niño puede nacer con algo que altera el desarrollo sexual normal. Esto es relativamente raro: ocurre en aproximadamente 1 de cada 2.000 recién nacidos.[1] Así como hay múltiples clases de problemas auditivos, algunos más serios que otros, así también hay múltiples clases de trastornos del desarrollo sexual (algunos de los cuales se llaman condiciones intersexuales). Muchas de estas condiciones no impactan la capacidad de determinar si una persona es hombre o mujer, aunque podrían impactar la capacidad de que esa persona tenga hijos. Pero algunas condiciones son más complejas.

Por ejemplo, algunos hijos son concebidos con cromosomas masculinos (XY), pero sus cuerpos en desarrollo en el útero no pueden procesar adecuadamente la testosterona que producen, algo así como un radio expuesto a una señal pero

[1] "Disorders of Sexual Development: Current Status and Progress in the Diagnostic Approach" en Current Urology 13 (4), Enero 2020. https://www.ncbi.nlm.nih.gov/pmc/articles/PMC6976999/

incapaz de sintonizar. En este caso, lo que a menudo sucede es que debido a que el cuerpo no recibe la señal para formar los genitales masculinos, formará en cambio una vagina y la labia. Pero la persona no tiene ovarios; más bien, tiene gónadas masculinas que no descienden. Entonces, esta persona es masculina según sus cromosomas, pero su cuerpo termina pareciendo mujer o algo intermedio.

¡Tan solo este ejemplo muestra cuán complejo pueden ser los trastornos del desarrollo sexual! ¿Qué, entonces, les decimos a nuestros hijos? Los pequeñitos sin un trastorno del desarrollo sexual quizás aún no necesiten saber acerca de tales complicaciones, pero necesitamos ser sensibles al hecho de que podría haber niños en nuestras iglesias en esta situación y que nuestras palabras podrían lastimarlos a ellos o a sus padres si hablamos como si nunca hubiera duda alguna de que alguien es hombre o mujer.

Si su hijo tiene esa condición, o tiene un amigo con esa condición sobre la cual la familia habla abiertamente, entonces será necesaria una conversación con su hijo temprano. Puede ser tan simple como decir que Dios creó nuestros cuerpos buenos, pero que debido a que el mundo entró en problemas a causa de Adán y Eva, todos nuestros cuerpos enfrentan diferentes problemas. Estos problemas no significan que somos peores que todos los demás. Jesús vino para salvarnos a todos. Incluso si nuestros cuerpos tienen trastornos ahora, todos somos dignos de amor y respeto, y algún día, cuando Jesús regrese, dará a todo su pueblo cuerpos totalmente nuevos. Es más, no importa cómo parezca nuestro cuerpo, podemos alabarle, servirle y agradecerle.

Para los hijos mayores que entienden algo de lo que son las identidades de género, puede ser útil hablar de la diferencia entre tener un trastorno del desarrollo sexual y adoptar una identidad transgénero. Cuando alguien se identifica como transgénero, casi nunca es porque hay problemas con su cuerpo físico como tal. Tal vez experimenten disforia de género, lo cual es real y doloroso, pero esto existe comúnmente en un cuerpo que se ha desarrollado normalmente como hombre o mujer. Una persona con un trastorno del desarrollo sexual, sin embargo, quizás necesite descubrir cómo vivir a la luz de un cuerpo que envía múltiples señales de género. Piense en la persona con cromosomas XY, por ejemplo, pero que no tiene los típicos genitales masculinos. Como discípulo de Cristo, esa persona necesitará considerar cómo fielmente tener cuidado de su cuerpo y debe contar con que su comunidad cristiana lo ayude a hacer eso con gracia y verdad.

Esta es una breve introducción a un tema importante, pero para nuestros hijos las lecciones siguen siendo las buenas noticias de que Dios creó los cuerpos buenos, y que no importa qué dificultades estemos atravesando ahora, Jesucristo nos ayuda a honrarlo en estos cuerpos mientras esperamos nuestra nueva creación.

RELACIONES HOMOSEXUALES Y LA ATRACCIÓN HACIA PERSONAS DEL MISMO SEXO

Así como la visión de Dios para la bondad del hombre y la mujer nos ayuda con las identidades transgénero y los trastornos del desarrollo sexual, así también la visión de Dios para el matrimonio y la soltería nos ayuda a abordar las relaciones homosexuales y la atracción hacia personas del mismo sexo.

La cultura occidental, incluyendo la iglesia en Occidente, por muchos siglos ha estado contando una historia de que la relación más importante que usted pueda tener en este mundo es la romántica. Al mismo tiempo, la otra historia más poderosa que se cuenta en nuestra sociedad es que usted necesita mirarse por dentro para descubrir quién verdaderamente es usted. Negar lo que encuentre en su corazón ocasionará que usted desperdicie y se pierda de lo mejor de la vida. Un ejemplo que me dieron en mi propia niñez era *La Bella y la Bestia* de Walt Disney. Bella anhela "una aventura en algún lugar grande y ancho" y la estimulación intelectual, en vez de casarse con Gastón. Pero ella sin embargo termina con un príncipe guapo.

Cuando combina estas dos historias de la verdad interior y el necesario romance, así como también la del quebrantamiento y el pecado, es fácil ver cómo tanta gente afirma las relaciones homosexuales, aun dentro de la iglesia institucional occidental. Si miro dentro de mí para encontrar mi verdadera identidad y hallo atracción hacia otras mujeres, y si me han dicho que tengo que estar en una relación romántica para ser feliz y realizada, el curso de acción natural parece ser buscar una relación homosexual. Pero estas historias culturales solo cuentan una verdad parcial: una verdad parcial que conduce a la muerte, no a la vida.

Ya hemos hablado de la salvación por medio del romance: Dios realmente sí nos creó para un amor apasionado, intoxicante y fiel, y este gran amor, que Jesús tiene por su pueblo, hace eco en el anhelo humano por el amor romántico y en la unión en una sola carne del matrimonio. Pero otras clases de relaciones cercanas también hacen eco del gran amor de Dios por su pueblo, incluyendo las relaciones de padre e hijo, la amistad y la hermandad dentro de la iglesia. La mentira es que el amor romántico es la *única* o *mejor* clase, la clase de amor sin la que los humanos no pueden florecer.

La otra historia parcial, que nuestro verdadero yo se encuentra en nosotros mismos y que debemos obedecer cualquier cosa que encontremos allí, es igual de perturbador. La parte verdadera es que lo que encontramos dentro de nosotros mismos sí nos dice la verdad. La parte que está oscurecida en la historia parcial es que lo que encontramos adentro con mucha frecuencia nos da malas noticias. Debido a la Caída, nuestros corazones están enfermos, son pecaminosos, pequeños, mezquinos y malos. Obedecer solamente lo que encuentro en mi corazón es convertirme en esclavo de un amo que no perdona. Después de todo, las personas más probables a precisamente hacer todo lo que quieren son los niños pequeños, y los niños pequeños no son buenos modelos de cómo vivir una vida responsable. El mensaje de que no debemos ser gobernados por nuestros sentimientos es bueno para todos nosotros, incluyendo nuestros hijos. Además impacta nuestra manera de pensar en la atracción hacia personas del mismo sexo.

Es cierto que algunos de nosotros experimentamos, parece que en forma bastante natural, atracciones románticas y sexuales hacia gente de nuestro mismo sexo. Esto es cierto para mí y cierto para muchos otros discípulos. Fingir que esto *no* sea cierto, o tratar de ignorarlo no ayuda ni una pizca. Pero es igualmente dañino rendirse y decir: "Bueno, esta es simplemente la manera que yo siento, ¡así que tengo que hacer lo que siento!" No. Ninguno de nosotros tiene que ser esclavo de nuestros sentimientos naturales, porque "natural" no significa automáticamente bueno, o incluso neutro. El deseo romántico y sexual hacia personas de nuestro mismo sexo es un resultado pecaminoso del quebrantamiento de la caída. Y sin embargo este quebrantamiento y este pecado no se adueñan de nosotros ni nos define. Cristo ha venido para darnos poder por medio del Espíritu Santo para vivir según a su "Sí", y Dios nos ha dado por el Espíritu Santo su palabra perfecta, la Biblia, que nos dice lo que es su "Sí". Y el propósito intencional de su diseño revela por qué ciertas cosas no funcionarán.

Piénselo de esta manera: cuando alguien aprende que un carro del siglo XX está diseñado para quemar gasolina como combustible, puede entender con más facilidad por qué poner leche o agua en el tanque no solo impedirá que el carro ande sino incluso que a la larga dañará su motor. Asimismo, cuando alguien aprende que el matrimonio y la soltería consisten ante todo en contar el evangelio, tendrá una mejor probabilidad de ver por qué Dios dice que usar la sexualidad de ciertas otras maneras termina contando mentiras acerca de la buena noticia y dañando a la gente. Tal como lo vimos en el capítulo 1, una característica definitoria del matrimonio debe ser la fidelidad. Así que cuando las personas son infieles a sus cónyuges, están contando una mentira acerca de cómo Dios se relaciona con su pueblo y cómo debemos relacionarnos con ellos. Otra característica definitoria del matrimonio es que es la unión de un hombre con una mujer, porque Dios quiso que un esposo representara a él y una esposa representara a su pueblo al mostrar amor a través de la diferencia. Cuando las personas participan en una unión de un hombre con un hombre, o una unión de una mujer con una mujer, revuelven la imagen, contando mentiras acerca del evangelio.

En resumen, esto quiere decir que nuestros hijos necesitan por lo menos tres mensajes de nosotros para prepararlos a considerar sabiamente las relaciones homosexuales y la atracción hacia personas del mismo sexo.

Primero, necesitan saber que nuestros deseos y sentimientos no son confiables; más bien, necesitamos las palabras seguras de Dios, quien ha demostrado en Jesús que nos ama y está a favor de nosotros. Podemos hablar de esto en todas las áreas a fin de que tenga sentido aun antes de llegar a hablar de la sexualidad.

Cuando se le descubre a su hijo en una mentira, por ejemplo, usted puede hablar de cómo ocultar algo malo que hemos hecho a menudo se *siente* como una opción segura porque estamos preocupados por el castigo. Pero en realidad, las mentiras al final siempre empeoran las cosas y lastiman nuestras relaciones porque traen como resultado la falta de confianza. En cambio, sus hijos siempre pueden confesarle cuando han hecho algo malo porque, aun si hay una consecuencia, habrá perdón, tal como lo dijo Dios.

O cuando su hijo siente enojo y golpea a su hermano, usted puede explicar (después de la consecuencia apropiada y cuando todos se han calmado) que podemos tener sentimientos por dentro que nos dicen que lastimar a alguien nos hará sentir bien o resolverá nuestro problema, pero este sentimiento nos miente. Golpear a nuestro hermano no resolverá nuestro problema. En cambio, Dios dice que cuando nos sentimos enojados, necesitamos ayuda para saber qué hacer después. Nuestros sentimientos importan mucho, pero siempre necesitan ponerse a prueba con la buena sabiduría de Dios.

Segundo, necesitamos repetir de diversas maneras que aunque el matrimonio es bueno, el romance no es la definición de la buena vida; la vida con Dios y el pueblo de Dios es donde se halla la satisfacción, no importa cuál sea el estado de nuestra relación romántica. Esto es justo lo que hablamos al final del capítulo 1: pasar tiempo con la familia de la iglesia y hablar cuidadosamente acerca del matrimonio y la soltería realmente impacta a nuestros hijos.

Tercero, nuevamente tal como dijimos en el capítulo 1, necesitamos hablar acerca del diseño positivo del matrimonio frecuentemente, para que cuando encontremos falsas visiones, tengamos lo que es correcto con lo cual compararlas. Esto solo resalta cuán importante es la visión positiva para nuestros hijos y cuánto la necesitamos cuando conversamos con ellos acerca de las preguntas LGBT+.

Equipados de la visión positiva de Dios, con el vocabulario acerca de la biología de la sexualidad, y de un entendimiento de cómo el quebrantamiento y el pecado aparecen en cuerpos y en relaciones, podemos ahora recurrir a algunas categorías para usarlas al hablar con nuestros hijos directamente acerca de las preguntas LGBT+.

PRINCIPIOS CLAVE

- ▲ Todo humano, toda criatura y toda la creación, han sido impactados por el pecado y la caída. No es una categoría especial de personas que han sido impactadas, es cada uno de nosotros.
- Los cristianos no están sorprendidos por el impacto del pecado de Adán y Eva en los cuerpos y las relaciones. Esperamos ver los efectos de la caída en nosotros y alrededor de nosotros.
- ● Debido a la caída y el pecado, los cristianos saben que no se debe afirmar o seguir toda experiencia ni sentimiento.

PRÁCTICAS PARA CRIAR HIJOS

- ■ Enseñe a sus hijos acerca de la condición caída del mundo:
  - Si usted sabe de un niño nacido con una discapacidad, puede enseñar a sus hijos que no significa que la discapacidad del niño fue causada por un pecado suyo o de su padre.
  - En cambio, el pecado de nuestros primeros padres también hizo que la corrupción y el quebrantamiento entraran al mundo, impactando a todos nosotros.
  - Hable sobre eventos en las noticias, como los huracanes o los terremotos destructivos, ayude a que sus hijos entiendan que la propia creación está gimiendo y está quebrantada (Romanos 8:22).
  - Jesús promete venir otra vez algún día para traer cielos nuevos y una tierra nueva, y todo aquel que confíe en él recibirá nuevos cuerpos espirituales que ya no estarán sujetos a la corrupción.

- Enseñe a sus hijos acerca de la pecaminosidad de sus propios corazones, y también de los corazones de los demás.
    - Esté dispuesto a identificar en su propia vida cuándo tiene un sentimiento que no debió haber dejado que lo hiciera reaccionar: "Discúlpame que te grité. Estaba enojado, y no estuvo bien que te tratara de esa manera en mi enojo. ¿Me perdonas?"
    - Esto ayuda a enseñar a su hijo que todos nosotros tenemos que aprender a alinear nuestros sentimientos con la voluntad de Dios.
    - Esto los preparará para entender por qué algunas personas adoptan las identidades LGBT+ y también les ayudará a no pensar que estas personas son radicalmente diferentes a nosotros; más bien, ¡todos nosotros necesitamos la dirección, el poder y la salvación de Dios!

4

HERRAMIENTAS PARA LAS CONVERSACIONES LGBT+

"**¡ME ENOJA TANTO** que la gente haya convertido algo que tiene por objetivo ser una señal de la fidelidad de Dios en un símbolo de algo que está en contra de la palabra de Dios!"

Una amiga mía estaba educando en casa a sus hijos de edad escolar primaria cuando su hija de ocho años hizo este comentario acerca de todas las banderas de arco iris en su vecindario. La reacción de mi amiga me pareció precisamente la correcta. Le admitió a su hija que el enojo a menudo también es su primera reacción. Ella quería que su hija supiera que eso es normal, pero también que viera que nuestro enojo puede ser una importante prueba de intuición para nosotros. Luego ella dijo: "En lugar de estar enojada, decidamos que cada vez que veamos una bandera de arco iris, vamos a tomar un minuto para orar por las personas que levantaron la bandera, para que tuvieran la oportunidad de escuchar el evangelio y poner su confianza en Jesús". Al decir esto, mi amiga comunicó a sus hijos que las personas que levantaron las banderas de arco iris eran personas que Jesús quería que se les amase y se orara por ellas, en vez de juzgarlas o temerlas. Las banderas se convirtieron en un punto de partida para una conversación centrada en el evangelio.

Por supuesto, si tiene hijos menores, tal vez ni siquiera aún sean conscientes de lo que significan las banderas. Mi hija siempre ha sido fanática de los colores brillantes. Las numerosas exhibiciones de banderas de arco iris en nuestra ciudad "progresista" no eran, para ella como niñita, una declaración política o cultural, sino simplemente una característica agradable del vecindario.

Estoy segura que muchos de ustedes están en una posición similar a la de mi familia. Los símbolos de un movimiento están alrededor de sus hijos mucho antes que ellos puedan entender las ideas complejas que representan esos símbolos. Es más, estamos normalmente en contacto con personas que se identifican como LGBT+. No solo gente al azar sino la maestra de mi hija, el entrenador de fútbol de su ciudad y el bibliotecario de su sucursal local. Estos son adultos amables y talentosos que en diversas formas tienen la tarea de cuidar y guiar a mi hija. En la casa y en la iglesia, ella escucha acerca del Dios que nos creó y redimió, y que tiene un plan para nuestros cuerpos y nuestras relaciones. Afuera en el mundo, ella ve bastante gente que a ella le gusta y admira que parece no saber acerca de este Dios y su plan, o simplemente no le importa.

Es esta diferencia entre el mensaje del hogar y la iglesia y el mensaje del mundo lo que con más agudeza plantea las preguntas de este libro para muchos de nosotros. Podemos dar a nuestros hijos una encantadora imagen teológica de los cuerpos, la soltería y el matrimonio. Podemos explicar confiada y calmadamente de dónde vienen los bebés y cómo el quebrantamiento y el pecado impactan todo. Pero donde la teoría se pone en práctica para muchos de nosotros es cuando nuestra hija de cuatro años pregunta mientras viaja en el carro: "Mamá, ¿se pueden casar dos papitos?"

En este capítulo, vamos a considerar cómo guiar a nuestros hijos a través de estas clases de preguntas con la verdad y la gracia de Jesús. Empezaremos con algunas ideas para nuestros pequeñitos y terminaremos con ideas más complejas para nuestros hijos mayores.

REINADO Y EL ESPÍRITU SANTO

Cuando nuestros hijos son muy pequeños, tal vez no necesiten escuchar nada directamente acerca de las relaciones homosexuales o personas que se identifican como transgéneros. Hay un tipo de inocencia inconsciente que pueden tener, como con mi hija y las banderas de arco iris, que nos da algo de tiempo. ¿Y qué debemos hacer con ese tiempo? ¡Invertir en enseñar a nuestros hijos el material en el capítulo 1 y el capítulo 2! De esa forma, cuando finalmente noten una relación homosexual en un programa de televisión (lo cual está sucediendo cada vez más, como en la nueva versión de Netflix de la superheroína She-Ra) o en la vida real, tenemos una base inicial con la cual comparar y contrastar. Por eso la visión positiva es tan crucial.

¿Cómo entonces hacemos esta comparación cuando surge el tema con nuestros hijos más pequeños? Con toda seguridad hay formas que usted y la comunidad de su iglesia podrían idear juntos que funcionarían bien. Pero una táctica que usé con mi hija fue hablar en términos de las categorías de reinado y el Espíritu Santo.

A lo largo de sus primeros años de vida, cuando hablábamos del evangelio por aquí y por allá, le recordaba que Jesús vino para ser muchas cosas para nosotros, incluido nuestro amigo, nuestro hermano mayor, nuestro Salvador y nuestro Rey. En nuestra casa, su mamá y papá han dicho "Sí" a Jesús, lo que significa que le decimos "Sí" todos los días como nuestro Rey bueno, sabio y digno de confianza. Y también le exhortamos a decirle "Sí" porque solo él puede amarnos perfectamente, perdonar nuestros pecados y transformarnos desde adentro hacia afuera.

Descubrí que mi hija, como otras niñitas, realmente quería dividir el mundo entre gente buena y gente mala. Ella a veces decía que la gente que iba a la iglesia debe ser buena y se preguntaba si la gente que no iba a la iglesia era mala. Nosotros le aseguramos que según la palabra de Dios todos nacemos pecadores y rebeldes, lo que significa que todos nacemos malos. Y que la palabra de Dios también afirma que Dios mismo nos creó, murió ¡y resucitó para salvarnos! Lo que quiere decir que todos somos muy amados y capaces de ser rescatados. La pregunta que hay que hacer acerca de cada persona no es ¿Es esta persona buena o mala?" sino "¿Ha escuchado acerca del buen Rey y Salvador, Jesús?" Y "¿Ha dicho, 'Sí' o 'No' a su ofrecimiento de brindar rescate y reinado?"

Al ofrecerle esta categoría de reinado, le estábamos dando una forma de entender por qué algunas personas siguieron a Jesús y lo obedecieron, y otras no. Si decimos "Sí" a Jesús, entonces decimos "Sí" a sus planes para nuestros cuerpos, para nuestro dinero, para nuestro tiempo, para todo. Pero si alguien no ha dicho "Sí" a Jesús, tiene sentido que no vaya a obedecer sus planes para su cuerpo, su dinero, o su tiempo. Este no es un lugar seguro para cualquiera porque solo en Jesús somos salvos de nuestro pecado y el juicio que traerá Dios. Pero sí nos ayuda a reconocer por qué hay gente, aun gente simpática y amistosa, que vive de manera muy distinta a la que los cristianos tratan de vivir.

Entonces, con un programa como *She-Ra*, si decido verlo con mi hija y ella quiere entender por qué hay relaciones románticas entre personas del mismo sexo en ese mundo, podríamos observar que Dios no existe en ese mundo ficticio, así que muchas cosas son diferentes. Y lo que es más, la gente que hizo el programa probablemente no sigue a Jesús, así que tiene sentido que crean personajes que no actúen de la manera que Jesús dice que es mejor.

Cuando se trató de su maestra de kindergarten, expresé a mi hija que yo no pensaba que su maestra seguía a Jesús, así que no era una sorpresa si partes importantes de su vida no correspondían a sus mandatos. O si su hija le pregunta: "¿Pueden casarse dos papitos?" usted podría responder con algo así como "Jesús le dice a su pueblo que el matrimonio es solamente para un hombre y una mujer, lo que significa que no es correcto que sus seguidores traten de convertir el matrimonio en otra cosa". Si su hijo está listo para un poquito más o es un poquito mayor, podría observar con él que no todas las leyes de su país corresponden a las leyes de Dios, y que nadie en su país está forzado a seguir a Jesús, así que a veces es legal hacer algo, aun si el pueblo de Dios no debiera hacerlo. Esto puede ser un tanto complicado, pero usted se sorprendería de cuánto pueden entender sus hijos. Seguir a Jesús o no, marca una verdadera diferencia en la manera en que vivimos, y es útil que nuestros hijos vean varias formas en que esto se desarrolla.

No solo es con respecto a la sexualidad, por supuesto. Quizás tengamos que arrepentirnos cuando la manera en que gastamos nuestro dinero o pasamos el tiempo se parecen más a los caminos del mundo que a la visión de Jesús para la manera de usar el dinero y el tiempo. Pero nosotros más que nadie, sabemos que la confesión y el arrepentimiento no son muerte sino vida. Y esto nos lleva a la otra categoría que podemos usar con nuestros pequeñitos. El Espíritu Santo. La Biblia nos enseña que solo es por el poder de Dios el Espíritu Santo que nosotros nacemos de nuevo, unidos a Cristo y empoderados de adentro hacia afuera para verdaderamente obedecer a Dios con nuestro corazón.

Incluso cuando tenemos a Jesús como nuestro Rey, aún luchamos con los sentimientos y deseos que no están de acuerdo con su plan. Pero él nos da el Espíritu Santo para que podamos tener el poder para arrepentirnos y crecer en nuestra obediencia. La vida cristiana es aprender a confiar no en nosotros mismos sino en el Espíritu Santo, un hermoso tema demasiado grande y abundante para detallar en este pequeño libro, pero esencial para compartir con nuestros hijos, tanto en general como para las preguntas LGBT+. ¿Por qué? Porque junto con el reinado, nos ayuda a ver que no somos en sí diferentes a la gente que no sigue a Jesús. Todos nacemos rebeldes con deseos y tentaciones que son pecaminosos y caídos. La diferencia para los cristianos es que tenemos un nuevo Rey y un nuevo poder: el Espíritu Santo. Alguien que no tiene a Jesús como Rey no tendrá motivo para seguirlo ni la capacidad de hacerlo de todo corazón. Animar a nuestros hijos a ver a los demás de esta manera quiere decir que no avergonzamos a la gente, pero sí reconocemos su gran necesidad porque es una necesidad que compartimos: ser salvos de nuestro pecado.

AUTENTICIDAD Y JUSTICIA

Yo pienso que la categoría de reinado de Jesús y la del Espíritu Santo ayudan a dar mucho a nuestros hijos. Sin embargo, conforme crecen, tal vez tengan más preguntas acerca de *por qué* la gente apoya cosas como el matrimonio homosexual y las identidades transgénero. Aquí es donde la categoría de autenticidad y la de justicia pueden ser extremadamente útiles. Permítame explicarlo de una manera adulta, antes de pensar en cómo transmitir estas ideas a nuestros hijos.

El hecho es que nosotros los humanos no apoyamos lo que apoyamos simplemente debido a argumentos racionales sólidos. No. Los humanos no somos solo pensadores; también somos personas que sienten. De hecho, con mucha frecuencia cuando creemos en algo, es porque primero nos encantó, y después vimos que las razones de ello eran buenas... o tal vez creímos en un razonamiento dudoso porque queríamos que lo que esto era fuera cierto.

La inmensa mayoría de gente que apoya cosas como el matrimonio homosexual y las identidades transgénero no son activistas políticos. Tampoco son gente que conscientemente odia a Dios y quiere trabajar en contra de su gobierno. No, la mayoría de gente que apoya la inclusión LGBT+ es simplemente gente normal. La mayoría de los humanos no está tratando de cambiar el rumbo del mundo. Simplemente tratamos de pagar nuestras cuentas, criar nuestros hijos y ver nuestros programas de Netflix en la noche cuando estamos cansados. Nuestros vecinos que apoyan éticas sexuales "progresistas" son así también, solo están tratando de conducir sus vidas. Y para muchos de ellos, la afirmación LGBT+ parece ser buena, verdadera y hermosa porque valorizan el concepto de la justicia y de la autenticidad.

Pero la autenticidad y la justicia no las inventaron los secularistas; existen en el Occidente precisamente debido al evangelio. Aunque nosotros los occidentales vivimos en culturas postcristianas hoy, la iglesia ha tenido un impacto profundamente influyente en nuestro pasado. Así que Dios es quien nos enseñó que debemos amar estos conceptos, aunque a menudo se utilicen hoy para pelear por cosas que condena la palabra de Dios.

Tomemos como ejemplo la autenticidad: la idea de que necesitamos ser nuestro verdadero yo, mirar por dentro y descubrir quiénes somos, y que vivir de manera diferente a lo que sentimos es vivir una mentira. Esta idea no vino de la nada. Fue Jesús quien insistió que nuestra vida interior tenía que corresponder a nuestra vida exterior (Mateo 23:27). Fue Dios quien declaró que nuestros corazones necesitan ser rectos, fluyendo hacia la acción correcta (Isaías 29:13). Fue la iglesia la que estableció una tradición de mirar hacia adentro, para que pudiéramos mirar hacia arriba en dirección a Dios. La autenticidad pertenece apropiadamente a los cristianos.

¿Y qué de la justicia? ¿La idea de que los errores deben corregirse y que los humanos merecen dignidad, protección y respeto? Esto también le pertenece ante todo a Dios. La Biblia frecuentemente exige que los pobres, los inmigrantes, la viuda y el huérfano sean defendidos y sustentados (por ejemplo, Éxodo 22:21-27). Dios es el que declara que los sobornos y la opresión son malignos (Éxodo 23:8). Él es el que vendrá a juzgar a los vivos y a los muertos (1 Pedro 4:5) y quien garantiza que el mal no ganará al final. La justicia pertenece apropiadamente a los cristianos.

Por más de mil años, el Occidente estuvo bañado por la bondad de estos conceptos cristianos. Pero, en el transcurso de los últimos siglos, por una variedad de motivos, el secularismo ha aparecido en el Occidente, una distorsión del evangelio como el reflejo en una casa de espejos en una feria. La gente y la sociedad querían cosas de Dios pero no a Dios. El Occidente se convirtió en algo así como un adolescente rebelde que dice odiar a sus padres pero todavía quiere usar el auto de ellos. El efecto práctico con el que vivimos hoy es que nuestros vecinos no cristianos a menudo tienen ciertos valores cristianos ¡pero ni siquiera reconocen que provienen del evangelio!

Además, una apreciación de la autenticidad y la justicia (pero sin referencia a Dios) son enormes razones por las que, para bastante gente, la afirmación de identidades y las políticas LGBT+ parece tener buen sentido.

Con respecto a la autenticidad, la mayoría de las personas en las relaciones homosexuales están simplemente siguiendo sus sentimientos, y mucha gente que se identifica como transgénero también está respondiendo a algo que perciben dentro de sí mismos. Si valoramos obedecer a nuestro yo, y sacamos al Dios que nos advierte que nuestros corazones son engañosos y están infectados con el pecado, entonces tiene mucho sentido moverse hacia la afirmación LGBT+.

En lo que concierne a la justicia, muchos han experimentado, visto, o escuchado acerca de las maneras en que las personas que se identifican como LGBT+ han sido maltratadas, tanto en la sociedad en general como, trágicamente, por personas que se identifican como cristianas. Este maltrato ha incluido cosas como el abuso físico e incluso el homicidio, así como también cosas como perder la vivienda o el empleo simplemente por haberse identificado como homosexual o transgénero. Si valorizamos el respeto, la dignidad y el trato justo para todos, entonces por supuesto exigiremos que termine el maltrato y que a cualquiera que lo cometa se le haga rendir cuentas. Esto es algo que todo cristiano debe afirmar entusiasmadamente. Sin embargo no estamos de acuerdo con que el maltrato histórico y actual de aquellos que se identifican como LGBT+ sea un motivo para abandonar lo que Dios dice acerca de los cuerpos y las relaciones. En cambio, debe obedecerse la visión total de Dios: respeto a todas las personas, no importa lo que crean, y la insistencia de que su diseño para los cuerpos y las relaciones es parte de su santa palabra.

En este breve esbozo, podemos ver cómo el apoyo a la afirmación LGBT+ es complejo; coincide parcialmente e incluso depende de valores cristianos en ciertas partes, y no obstante permanece en rebelión en contra de Dios. Este marco de referencia nos ayuda a abordar las preguntas LGBT+ porque nos ayuda a considerarnos principalmente no como adversarios sino como misioneros. Y podemos dar a nuestros hijos mayores un marco de referencia para que piensen así también, lo cual yo llamo Sí-No-Sí.

SÍ-NO-SÍ

Este marco de referencia es una herramienta para ayudarnos a pensar en forma cristiana acerca de ideas, y atraviesa tres movimientos en este orden: Sí-No-Sí. Es mucho más útil que para las preguntas LGBT+ pero nos ayuda mucho con ellas. Aunque al principio puede parecer complejo, en su esencia es un flujo básico que hasta un niño de ocho años podría seguir y que un adolescente o adulto podría usar sofisticadamente.

El primer Sí es escuchar una idea, una historia, o una persona y preguntar: ¿qué se está expresando que se puede afirmar? ¿Está expresando esta idea un temor apropiado, que la Biblia afirma que debemos temer? ¿O quizás un deseo apropiado, que la Biblia dice que es algo bueno que desear? Debemos buscar estos puntos de conexión sabiendo que debido a que cada persona ha sido creada por Dios, todos aún lo reflejamos en ciertas maneras, a pesar de nuestro pecado.

Como un ejemplo con las preguntas LGBT+, ya hemos visto un Sí para la idea de justicia: que toda la gente sea tratada con dignidad y esté segura de que no se le lastime. A medida que nuestros hijos encuentran historias que incluyen un llamado a la justicia para la gente LGBT+, podemos afirmar que Dios también exige esto, y que es correcto buscarla.

El movimiento No está buscando la manera en que la idea, la historia, o la persona necesita corrección en base a la palabra de Dios. Quizás afirmamos un deseo, pero la forma en que ese deseo está siendo perseguido es destructivo. O tal vez somos capaces de validar un temor, y no obstante la manera en que ese temor está siendo aliviado va en contra de lo que Dios ha dicho que es bueno o correcto.

Cuando se trata de justicia en las preguntas LGBT+, algunas personas han aceptado el llamado legítimo para poner fin a la injusticia y han dado un paso adicional: ahora consideran que la adopción y la celebración de las relaciones homosexuales es un requisito para que haya justicia. A esto, la palabra de Dios dice "No". Si no acudimos a la Biblia para las definiciones de la justicia, lo cual a veces incluye ideas que nos ofenden o que nos incomodan, entonces al final todas nuestras prácticas de "justicia" se convertirán en movidas personales de preferencia y poder. Promoveremos el pecado, lo cual siempre es malo, y terminaremos causando problemas cuando lo que queríamos era una solución. Estas ideas no son demasiado complejas para un niño de diez años y puede ayudarle a ver que cuando se nos deja a nuestra suerte, causamos un desastre, aun si tenemos buenas intenciones.

¿Entonces qué es el Sí final? Es un reconocimiento de cómo la provisión de Dios el Padre en Jesucristo, aplicado por el Espíritu Santo, es la única respuesta a nuestras preguntas y problemas, principalmente del pecado pero también de todo lo demás. A causa de la muerte de Jesús, se pueden perdonar los actos de injusticia. A causa del Espíritu Santo, las comunidades y los individuos pueden confrontar y cambiar patrones de maltrato o actitudes de irrespeto. Las personas que han sido maltratadas pueden encontrar sanidad y verdaderos caminos de vida, a través de la gracia y la verdad de Cristo. De hecho los recursos del evangelio no tienen límite. Mostrar a nuestros hijos y soñar con ellos acerca de cómo Cristo restaura todas las cosas puede ayudarnos a llegar a ser las personas que hemos sido llamados a ser en esta generación.

Sí-No-Sí no es un libreto; es una manera de ser discípulos en el mundo, de ser sal y luz. Lo observará en el capítulo anterior, por ejemplo, como la estructura de la sección sobre identidades transgénero. Si su hijo quiere entender cómo ser un cristiano en el mundo, este marco de referencia puede ser inmensamente útil. O quizás su hijo no está seguro de lo que le parece la fe en Jesús o el cristianismo; este marco de referencia también le puede ayudar a ver la forma en que el evangelio interactúa con el mundo y cómo ofrece el único y mejor camino hacia la verdadera vida.

MISIÓN

Sí-No-Sí nos enseña a buscar puentes en el evangelio pero también a estar preparados para denunciar a los ídolos. Como tal, es una fabulosa manera de entrenarnos a nosotros y nuestros hijos en la postura de la misión: Dios primero envió a Jesús al mundo y ahora nos está enviando a nosotros, por el poder del Espíritu Santo, para hacer discípulos. Jesús vino con gracia y también con verdad (Juan 1:14), y su misión requiere ambas cosas de nosotros también.

Aquí, sin embargo, podríamos encontrarnos con un problema: a menudo, somos más una persona con gracia o más una persona con verdad. Se nos hace difícil ser ambas. Si no está seguro cuál usted tiende a ser, simplemente pregúntele a un buen amigo. En cuanto a su hijo, usted probablemente tiene una idea de cuál sea su tendencia.

Ambas tendencias presentan desafíos y oportunidades cuando se trata de la misión relacionada con preguntas LGBT+. La persona con gracia mostrará naturalmente profundo amor y compasión por los vecinos LGBT+, buscando formas de tratar los errores e invitar la inclusión. El desafío es que esta persona a menudo se abstendrá de decir la verdad dolorosa, por temor a lastimar a la gente o perder la relación. Pero también existe una hermosa oportunidad: debido a que la persona con gracia ama de manera tan natural que cuando se arriesga a decir la verdad, esto puede tener un impacto poderoso porque la persona que recibe esa verdad estará segura de que está a su favor.

La persona con verdad mostrará naturalmente una profunda reverencia y celo por la palabra de Dios y estará ansiosa de explicar cómo la visión de Dios para nuestros cuerpos y nuestras relaciones no es represiva sino buena. El desafío es que esta persona podría tener dificultad en acercarse de manera amorosa a las personas que se identifican como LGBT+, por temor a dar una señal de afirmación de las identidades LGBT+ o de comprometerse con el mundo. Pero también existe una hermosa oportunidad: puesto que la persona con verdad es celosa de manera tan natural por la palabra de Dios que cuando se arriesga a mostrar amor, esto puede tener un impacto poderoso porque la persona que recibe ese amor podría reconocer que esto es un amor costoso que se extiende a través de las divisiones.

Los padres con tendencia a la gracia o los hijos con tendencia a la gracia que quieren seguir a Jesús tal vez necesiten recordar que la palabra de Dios es clara con respecto al pecado sexual y acerca del hombre y la mujer, y nunca es seguro, sabio o amoroso comprometer lo que Dios ha declarado. El pecado es engañoso, y Jesús mandó que quitáramos la paja del ojo de nuestro hermano (Mateo 7:3-5). A veces puede haber una tendencia entre aquellos que se inclinan hacia la gracia a pensar: "Ah bueno, nadie se está lastimando, entonces ¿qué es lo que está realmente mal?" Esta es una manera mortal de pensar, y se equivoca con el evangelio. En cambio, el Espíritu Santo a través de Pablo nos manda: "Y no participéis en las obras infructuosas de las tinieblas, sino más bien reprendedlas" (Efesios 5:11).

Los padres con tendencia a la verdad o los hijos con tendencia a la verdad que quieren seguir a Jesús tal vez necesiten recordar que la palabra de Dios nos dice que nuestro enemigo no es la carne ni la sangre sino las fuerzas espirituales del mal en los lugares celestiales (Efesios 6:12). Incluso cuando las personas están afirmando completamente las identidades LGBT+ y advocando por cambios en las leyes o las escuelas, están atrapadas por una ideología que no las ama, una ideología que está usándolas y de la que Jesús quiere salvarlos. Pablo, quien escribió esas palabras a los efesios, enfrentó muchos enemigos humanos, y sin embargo él sabía la verdad: que cada persona es primeramente un candidato para escuchar el evangelio y arrepentirse. A veces puede haber una tendencia entre las personas que se inclinan hacia la verdad a aislarse del mundo para permanecer puros o para atacar. Pero ninguna de estas dos opciones es la manera de actuar de Jesús, quien entró al mundo para amar a la gente y llamarlos al arrepentimiento, y estuvo dispuesto a morir para salvar al mundo.

Hay mucho que considerar cuando pensamos en la misión en una era de afirmación de los LGBT+. Y tenemos que reconocer que este aspecto de la conversación solo es apropiado para nuestros hijos si han dicho que quieren a Jesús como su Rey. Si no lo han hecho, entonces nuestra tarea principal es orar por ellos y continuar presentándoles el evangelio. Si lo han hecho, están listos para considerar la misión. Pero eso también significa que necesitan considerar la oposición que puedan enfrentar, lo cual abordaremos a continuación.

PRINCIPIOS CLAVE

▲ Sus hijos necesitan una forma de ayudarlos a entender por qué las reglas y las prioridades de su familia son diferentes a otras familias, sin avergonzar a otras personas.

◡ Nuestra postura debe ser la misión. Al usar principios como el reinado y el Espíritu Santo, Sí-No-Sí, y al entender por qué la gente se siente atraída hacia cosas a las que Dios les dice no, podemos ayudar a que nuestros hijos piensen en cómo relacionarse con sus vecinos no cristianos con gracia y verdad, en vez de temor y exclusión.

PRÁCTICAS PARA CRIAR HIJOS

- Use los conceptos de reinado y el Espíritu Santo con sus hijos:
  - Hable de cómo tener a Jesús como nuestro Rey significa que necesitamos prestar mucha atención a él y

  a sus palabras a fin de que sepamos lo que es bueno y lo que es malo.
  - Recuérdeles a sus hijos (y a usted mismo) que no pueden obedecer a nuestro Rey sin haber sido empoderados por el Espíritu. Modele oraciones como "Espíritu Santo, por favor ayúdanos a ver hoy en qué no te estamos obedeciendo, y danos la capacidad de confesar nuestro pecado y practicar lo bueno".
  - Enseñe a sus hijos que no todas las personas tienen a Jesús como su Rey, y que todos merecen una oportunidad para escuchar acerca de su reino y entrar. Ayúdelos a ver que solo la gente que sigue al Rey Jesús podrá seguir sus reglas de todo corazón.

■ Para los hijos mayores que están especialmente interesados en comprender las preguntas LGBT+, pídales que lean toda la sección sobre la autenticidad y la justicia. Pregúnteles qué interrogantes todavía tienen y qué podría significar relacionarse bien con personas que se identifican como LGBT+.

▲ Practique Sí-No-Sí mientras su familia participa en la vida normal: viendo películas, escuchando canciones, o dándose cuenta de qué festivales promociona su comunidad.
  - Pregunte a menudo: "¿Qué parte de esto es algo a lo que Dios diría 'Sí'? ¿Cómo sabemos?" Esto enseña a sus hijos a siempre regresar a la Biblia.
  - Pregunte a menudo: "¿Qué parte de esto es algo a lo que Dios diría 'No'? ¿Cómo sabemos?
  - Tengo una amiga que con cada comercial, por ejemplo, preguntaba a sus hijos: "¿Qué están tratando de

venderte, y cómo?" lo cual es otra manera de llegar al mismo destino.

- Pregunte a menudo: "¿Cómo la salvación o la sanidad de Jesús podría marcar la diferencia aquí?" La capacidad de nuestros hijos mayores de pensar en maneras en que eso podría suceder podría sorprendernos.

5

NO TEMA

"NO QUIERO SER dramática, pero creo que tal vez esté atravesando algo un poquito parecido a lo que Jesús está hablando aquí". La hija mayor de mi amiga se estaba refiriendo a las palabras de Jesús en Lucas 6:22-23: "Bienaventurados seréis cuando los hombres os aborrezcan, y cuando os aparten de sí, y os vituperen, y desechen vuestro nombre como malo, por causa del Hijo del Hombre. Gozaos en aquel día, y alegraos, porque he aquí vuestro galardón es grande en los cielos; porque así hacían sus padres con los profetas".

Esta joven asiste a una escuela de primaria muy "progresista" aquí en Massachusetts. Ella es una seguidora de Jesús gentil y considerada, sin una pizca de crueldad en su cuerpo. Y sin embargo, a los once años de edad, fue excluida del grupo por algunas de sus amigas más cercanas cuando se dieron cuenta que no estaba siguiendo la línea de pensamiento sobre la celebración LGBT+, excluida simplemente por las creencias que sostenía caritativamente, no por algún acto de opresión o crueldad. Muchos de nuestros hermanos cristianos alrededor del mundo sufren mucho más por profesar su fe que por rechazo social; no obstante, mi joven amiga experimentó un costo real y doloroso por su fidelidad a Cristo en la escuela. Y es esta clase de costo, igual que otros más agudos, la que estamos empezando a temer por nuestros hijos.

Cuando nos encontramos en situaciones como esta, nos hallamos gritando: "¡Sencillamente no es *justo*!" Lo podemos sentir en nuestros huesos. Pero cómo debemos responder, y cómo debemos enseñar a responder a nuestros hijos que siguen a Jesús?

Como padres y maestros, sabemos que necesitamos ayudar a nuestros hijos a responder ante situaciones injustas con gracia, y esto frecuentemente requiere ayudarlos a discernir aquello por lo que vale la pena protestar y lo que simplemente se debe aceptar. Cuando lidiamos con peleas entre hermanos, algunos de nosotros hemos repetido: "Recibes lo que recibes, y no te vas a enojar" tantas veces que parece un versículo para memorizar (2 Crianza de Hijos 10:21). Pero por supuesto, jamás negamos la importancia fundamental de la propia justicia, no la idea de equidad. Sabemos que "Jehová permanecerá para siempre; Ha dispuesto su trono para juicio" (Salmo 9:7) y nosotros también debemos convertirnos en gente de justicia. Sabemos que la justicia es buena, y queremos que nuestros hijos crezcan hasta llegar a ser adultos que la valorizan y la practican.

Nuestro sentido de justicia se irrita cuando vemos a cualquier persona recibiendo castigo o consecuencias que no se merecen, como la hija de mi amiga en la escuela primaria. Cada vez más, la ética cristiana ya no se ve como algo respetable, ni siquiera raro o ligeramente anticuado. No, hay una sensación cada vez mayor de que la sexualidad cristiana es opresiva y dañina, y que aquellos que mantienen estos puntos de vista son intolerantes. No es un temor irracional que si entrenamos a nuestros hijos para que valoricen la visión de Dios para los cuerpos y las relaciones, y si deciden querer realmente seguir a Jesús, podrían ser juzgados por esto, aun si mantienen sus puntos de vista con gentileza.

UN RETORNO AL NUEVO TESTAMENTO

En el Occidente de hoy en día, parece que estamos regresando, lentamente y en forma dispareja pero con seguridad, a las condiciones normales del discipulado que describe el Nuevo Testamento: una situación en la que declarar el nombre de Cristo implica un verdadero costo social, a menudo doloroso. Si nuestros hijos deciden ser discípulos, entonces afrontarán este costo a una edad más temprana y más tierna que la mayoría de nosotros. En Occidente, el cristianismo experimentó largos siglos de dignidad, especialmente donde yo vivo en los Estados Unidos. Quizás cuando éramos más jóvenes, ser cristiano era algo respetado, algo que recibía una reacción positiva de la gente de este mundo. Pero esto es realmente distinto a lo que el Nuevo Testamento declara que será la experiencia normal del cristiano en un mundo no cristiano. Y ha cambiado.

No es culpa nuestra que hayamos crecido en tiempos inusuales. Pero debido a que nuestros hijos están enfrentando condiciones diferentes, nos podemos sentir notablemente carentes de preparación. La bondad de nuestro Dios, sin embargo, es que no nos ha dejado a nuestra propia suerte, perdidos y sin ayuda. Tenemos en nuestras Escrituras exactamente lo que nosotros y nuestros hijos necesitan para enfrentar estas nuevas circunstancias.

Jesús de hecho nos dijo lo que podemos esperar en su discurso de despedida a sus discípulos antes de ir a la cruz: "Si el mundo os aborrece, sabed que a mí me ha aborrecido antes que a vosotros. Si fuerais del mundo, el mundo amaría lo suyo; pero porque no sois del mundo, antes yo os elegí del mundo, por eso el mundo os aborrece. Acordaos de la palabra que yo os he dicho: El siervo no es mayor que su señor. Si a mí me han perseguido, también a vosotros os perseguirán" (Juan 15:18-20).

En cierta forma, deseamos versículos en los que Jesús diría que él se llevó todas las cosas duras por nosotros, y que nuestras vidas y las vidas de nuestros hijos solo pasarán de fortaleza a fortaleza, sin obstáculos en el camino. Menos mal, Jesús sí se llevó lo más duro de todo: al morir en la cruz en nuestro lugar, él absorbió la condenación que merecíamos y nos da a cambio su posición justa delante de Dios, así como también el Espíritu Santo para que nos dé poder. Pero Dios aún no ha traído los cielos nuevos y la tierra nueva; permanecemos aquí, en una tierra de peligro y tentación. Y es precisamente a causa de este peligro y esta tentación que Jesús nos da advertencias.

Ningún padre enviaría a su hijo de viaje sin advertirle lo que podría enfrentar. Mi hija tiene edad suficiente ahora para regresar de la escuela a casa caminando por sí sola, pero se le ha advertido que solo cruce la calle principal en el semáforo, donde está más protegida de los carros que pasan con velocidad. Le doy esta advertencia y mandato precisamente porque la amo. Asimismo, Jesús advierte a sus discípulos porque los ama, y su advertencia es que serán tratados tal como él lo fue.

¿Y cómo, precisamente, fue tratado Jesús? Se movió a través de su ministerio terrenal con amor perfecto en cada motivación y acción, y no obstante fue asesinado brutalmente bajo acusaciones falsas. A veces podemos esperar, sin siquiera expresarlo, que si las motivaciones y las acciones de nosotros y nuestros hijos son suficientemente cristianas, entonces nuestra sinceridad y amor serán reconocidos, y estaremos protegidos de los malentendidos y el maltrato.

Eso puede ocurrir, por la buena gracia de Dios. Pero nunca está prometido. Tampoco lo está aquello para lo cual Jesús nos dice que nos preparemos. Entre otras cosas, él advirtió simple y llanamente a sus primeros discípulos que serían odiados por el mundo si lo seguían, porque el mundo lo odió primero. Si nuestros hijos quieren seguir a Jesús, entonces debemos exponerlos a esta advertencia, la cual se dio en amor.

Sin embargo, esta no es la única palabra. Jesús fue claro con respecto a la realidad del maltrato porque no quería que sus discípulos fueran agarrados desprevenidos, pensando que Dios los habría abandonado. Pero fue igual de firme con sus promesas de bendecir en medio del maltrato: "Bienaventurados los que padecen persecución por causa de la justicia, porque de ellos es el reino de los cielos.

Bienaventurados sois cuando por mi causa os vituperen y os persigan, y digan toda clase de mal contra vosotros, mintiendo. Gozaos y alegraos, porque vuestro galardón es grande en los cielos; porque así persiguieron a los profetas que fueron antes de vosotros" (Mateo 5:10-12).

Se requiere fe para creer lo que Jesús está diciendo en este pasaje porque, normalmente, ser injuriado, perseguido y ser objeto de chismes se ve y se siente como lo opuesto a la bendición. La bendición que está prometiendo está, en cierta forma, oculta. El maltrato, no obstante, es obvio.

Jesús está hablando del maltrato que viene de dos maneras: (1) la falsa y (2) la de culpa propia. Este texto no tiene por objetivo abordar cuando nuestros hijos están pecando y sufriendo consecuencias justas. Este texto está hablando de la realidad de que seguir a Jesús significa ser acusado falsamente, así como él. Pero es más, Dios es el que lo ve, y el que bendice a ese seguidor y lo recompensa. Así como el maltrato no era justo, tampoco lo es la bendición; es hermosamente más que justo, es gracia para los discípulos obtenida por Cristo.

Esto, entonces, es lo que necesitamos dar a nuestros hijos para prepararlos para este momento: las advertencias exactas y las promesas exactas que el propio Cristo nos dio en su palabra.

DISCO RAYADO: TEMORES QUE SIGUEN A LAS PROMESAS DE DIOS

A medida que encontramos estas advertencias y promesas, varias cosas podrían estar sucediendo en nuestros propios corazones.

Primero, nos confronta una pregunta que nos persigue: ¿Realmente creo *yo* esto? ¿Creo *yo* que la bendición y la recompensa de Dios satisfacen más que el amor y la aprobación del mundo? Es posible que estas preguntas y situaciones que sus hijos están enfrentando están presionando las dudas y las inseguridades en la fe suya en Cristo y que parte de su temor a preparar a sus hijos es que está tratando de darles lo que usted mismo no posee completamente.

Si usted es esa persona, no se desaliente. Recuerde que el rostro de Dios hacia usted en Cristo es de amor. Él siempre está diciendo: *Regresa a mí debido a mi gran amor por ti*. El evangelio es la buena noticia del perdón y la vida, lo cual no merecemos, se obtuvo para nosotros por medio de la muerte y resurrección de Jesús. El pecado y la duda crecen en la oscuridad, como un hongo. Dígale a alguien que ama a Jesús y lo ama a usted acerca de sus temores y dudas; tome la palabra y la oración. Dios promete encontrarse con usted y restaurarlo cuando lo busque.

Segundo, las advertencias y promesas de Jesús nos confrontan con otra posibilidad aterradora. Tal vez creamos completamente las advertencias y las promesas que ofrece Cristo con relación al discipulado. Quizás nos sentimos preparados para enseñarlas a nuestros hijos. Pero tal vez tememos que nuestros hijos, al mirar el costo, consideren que es demasiado alto y se alejen de Jesús.

Si somos honestos, este es quizás el temor más grande provocado por nuestra cultura cambiante: no simplemente que nuestros hijos podrían ser maltratados a causa de su fe sino que no les parecerá que Jesús sea más digno de su lealtad que el mundo y que la inconveniencia social de ser cristiano resultará ser tan difícil para ellos que se apartarán de Jesús completamente. O quizás serán convencidos por la ética sexual del mundo y les parecerá más hermosa que la de Dios.

Digo esto porque yo misma siento ese temor, como madre y como ministro de campus que ha visto a muchos universitarios apartarse de la fe que tenían sus padres. Responder a *este* temor podría ameritar un libro entero. Mientras tanto, aquí es donde me refugio: Dios en Cristo ama a nuestros hijos incluso más que nosotros.

Esto no es una promesa de que cada uno de ellos será salvo. El misterio del amor de Dios es que nos da la libertad de aceptarlo o rechazarlo. Esto debe impulsarnos a la oración y a buscar la ayuda y el consejo de nuestra comunidad cristiana. Nuestro rol como padres es proclamar todo el verdadero evangelio, por medio del poder del Espíritu Santo, y confiarle a Dios el resto. No juzgarnos a nosotros mismos y ciertamente no juzgar a los demás, en base a si nuestros hijos siguen a Cristo o no. En cambio hemos sido invitados a confiar en él, decidir creer que él es bueno. Ahora es el momento de avanzar hacia una fe y confianza más profunda, sin temer las preguntas difíciles sino buscar en ellas un camino hacia una mayor intimidad con nuestro Creador y Salvador. A medida que lo esperamos, preparamos a nuestros hijos lo mejor que podemos.

LAS ADVERTENCIAS Y LA PROMESA VIVIDAS

Una vez que usted empieza a buscar en la Biblia esta realidad de un discipulado que es costoso pero gratificante, la encontrará por todos lados. Un lugar útil en el cual buscar está en el libro del Antiguo Testamento, Daniel.

Las historias que se cuentan en Daniel suceden durante una época dolorosa en la historia del pueblo de Dios, los israelitas. A lo largo de muchas generaciones, la tierra donde vivieron había sido un símbolo importante de su relación con Dios. Esto fue especialmente cierto con la ciudad de Jerusalén, donde el rey Salomón construyó el templo. Pero Dios les había advertido durante siglos, a través de varios profetas, que si continuaban practicando la injusticia y el pecado, los desterraría como castigo. Les dio mucho tiempo para arrepentirse, pero ellos endurecieron sus corazones. Finalmente, y de manera horrorosa, Dios envió naciones extranjeras a conquistar la tierra y sacar arrastrados a los israelitas. Esto se conoce como el Exilio.

El libro de Daniel sigue algunos de estos israelitas que fueron llevados cautivos a Babilonia cuando eran jóvenes, probablemente cuando aún eran adolescentes. Esta tierra era totalmente distinta a Jerusalén; en lugar de estar rodeados de símbolos del Dios verdadero, estaban rodeados de ídolos. Es más, los llevaron al servicio de la corte babilónica, les dieron nuevos nombres babilónicos y les enseñaron el idioma, la cultura y la religión de Babilonia. Todo a su alrededor estaba diseñado para convertirlos en babilonios, presionándolos para que dejaran atrás al Dios de sus antepasados.

En cierta forma, la historia de nuestros hijos será parecida. No estoy tratando de sugerir que en el Occidente hoy en día hemos experimentado un trauma como la caída de Jerusalén o que nos saquen a la fuerza de nuestras casas. Sin embargo, conforme crecen nuestros hijos con cada vez menos gente que asiste a la iglesia y profesa su fe, más de ellos se parecerán a estos jóvenes israelitas. El Occidente secular tiene sus propios mitos, idioma y literatura. Tiene sus propios ídolos, sus propias exigencias sobre lo que la gente adora (ya sea el ego, el progreso, o lo que sea), y sus propias tácticas para tratar de forzar a la gente a pensar igual. Todo esto y más se comunica mediante nuestras películas, canciones, anuncios y redes sociales. La cultura secular ejerce una cantidad increíble de presión sobre los adultos y es increíblemente formativa para los niños. Y especialmente en áreas con menos cristianos comprometidos, puede parecer como si nuestros hijos no tienen ninguna posibilidad. Al observar a los padres en mi iglesia local, me doy cuenta que no es poco común que sus hijos sean los únicos niños con padres creyentes en sus grados en la escuela, unos de los únicos niños que tienen a la iglesia como parte regular y significativa de sus vidas. Es cierto en este momento para mi propia hija. Quizás sea cierto para su hijo también.

Las experiencias de Daniel y sus tres amigos, Sadrac, Mesac y Abed-nego, nos muestran cómo es aferrarse al Señor en una cultura que fluye en dirección opuesta. Más que eso, puede mostrarnos también cómo es el cuidado de Dios en medio de tal cultura. Nuestro Dios es el mismo hoy al igual que en aquellos siglos atrás; tanto nosotros como nuestros hijos podemos recibir consuelo en la manera en que él es capaz de proveer.

Los jóvenes israelitas a veces enfrentaron oposición sofisticada. En cierto momento, el rey Nabucodonosor erige una imagen de oro y exige que todos la adoren. Rápidamente "algunos varones caldeos vinieron y acusaron maliciosamente a los judíos" (Daniel 3:8). Al saber que Sadrac, Mesac y Abed-nego jamás adorarían esta imagen, dichos caldeos (otro término para decir babilonios) presentan esto al rey como una amenaza política, y él responde imponiendo la pena capital. Esto nos recuerda que la adoración de ídolos siempre produce resistencia y violencia contra aquellos que se rehúsan a doblar rodilla.

Vimos en el capítulo anterior que mucha gente cree profundamente en la afirmación de los LGBT+ porque les parece buena, verdadera y hermosa. A nivel social, también hay un fuerte movimiento de activistas políticos y culturales que exigen que toda la gente adopte la afirmación de los LGBT+ de la misma manera que ellos. Este movimiento es, a su manera, una especie de religión; evangeliza, trata de alinear a otros con su código moral, e intenta castigar aquellos que no siguen la línea. Cuando alguien, incluidos los cristianos, se queda corto de la afirmación total de los LGBT, hay consecuencias. No es diferente a ser un israelita exiliado que se rehúsa a doblar rodilla ante los ídolos caldeos.

Pero observe, asimismo, lo que Daniel también dice: no fueron todos los caldeos que usaron esta táctica contra los jóvenes sino solo "algunos" de ellos. De manera similar, hoy no *todos* los que apoyan el movimiento LGBT+ son los que agresivamente se oponen a los demás. Podemos enseñar a nuestros hijos a esperar que venga alguna oposición al pueblo de Dios, al mismo tiempo que los protegemos del punto de vista simplista de que todos los que rechazan al Señor están activamente dispuestos a atacarnos.

Esta realidad matizada puede verse en una historia posterior, esta vez durante el gobierno del rey Darío. Un grupo de oficiales acusó maliciosamente a Daniel de subvertirse al régimen de Darío al negarse a dejar de orar al Señor (Daniel 6:7, 12-13). El castigo prescrito era la muerte, mediante el lanzamiento a una fosa de leones. Pero lo que es interesante, esta vez, vemos que el propio Darío, un pagano, estaba angustiado por esta amenaza a la vida de Daniel (v. 14), tan angustiado que "se acostó ayuno" (v. 18). Había algo en la integridad de Daniel, lo cual quería decir que aunque Daniel se rehusó a seguir a los dioses de Darío, Darío aún deseaba el bien para Daniel. En esto escuchamos un eco de las palabras de Jesús: "Así alumbre vuestra luz delante de los hombres, para que vean vuestras buenas obras, y glorifiquen a vuestro Padre que está en los cielos" (Mateo 5:16). De hecho, a la mañana siguiente, cuando sacaron a Daniel de la fosa vivo, habiendo sido salvado milagrosamente por el Señor, Darío emitió un decreto para que sus súbditos "teman y tiemblen ante la presencia del Dios de Daniel; porque él es el Dios viviente y permanece por todos los siglos" (Daniel 6:26). Así como fue para Daniel, así también es para nosotros: aunque algunos pueden estar dispuestos a atacarnos, otros reconocerán la verdad y la bondad por las que vivimos.

De modo que podemos recibir aliento de estos israelitas exiliados que vivían rodeados de idolatría. Vemos que la asimilación a la idolatría no es algo automático. Los jóvenes tuvieron toda oportunidad para creer y comportarse como caldeos, estaban metidos en esa cultura durante su juventud. Sin embargo, Dios los sustentó. Él es poderoso. Él fue capaz de cerrar las bocas de los leones y evitar que el horno ardiente siquiera quemara la ropa de los jóvenes. También es digno: Daniel y sus amigos estaban listos a arriesgarse mucho solo porque sabían que Dios merecía su adoración y lealtad total. Uno de mis momentos favoritos en todo el libro es cuando Sadrac, Mesac y Abed-nego le dicen a Nabucodonosor que Dios es perfectamente capaz de salvarlos del horno pero también que *incluso si Dios decide no salvarlos*, ellos aún no se inclinarían al ídolo (Daniel 3:17-18). Su lealtad al Señor se basaba en la dignidad de Dios, no en lo que él haría por ellos. La persecución selectiva e injusta no los quebrantó. Y tampoco tiene por qué quebrantar a nuestros hijos.

Podemos confiar en que Dios es capaz de dar a nuestros hijos gracia bajo presión, y a medida que les enseñamos estas historias bíblicas, ellos podrán ver eso también. Esta confianza en el poder de Dios, su bondad y su dignidad, confianza de que, como la de los amigos de Daniel, perdura *aun si no son salvados*, está a la disposición de nuestros hijos y de nosotros hoy.

Siglos después, Jesús advirtió: "Y no temáis a los que matan el cuerpo, mas el alma no pueden matar; temed más bien a aquel que puede destruir el alma y el cuerpo en el infierno. ¿No se venden dos pajarillos por un cuarto? Con todo, ni uno de ellos cae a tierra sin vuestro Padre. Pues aun vuestros cabellos están todos contados. Así que, no temáis; más valéis vosotros que muchos pajarillos" (Mateo 10:28-31). Necesitamos temer no a los hombres sino a Dios, e incluso este temor es en realidad un refugio en el amor del Padre. Este es el refugio que necesitamos y que necesitamos ofrecer a nuestros hijos.

Aunque existe una creciente presión social para celebrar y adoptar una visión de género y sexualidad que está en contra de la buena visión de Dios, no tenemos por qué ser gobernados por el temor. Sí, nuestros hijos tal vez enfrenten una oposición con la que nosotros jamás hubiéramos tenido que lidiar a su edad. Sí, habrá presión para tomar la salida fácil, alejarse de Jesús a causa del costo. Pero este es también un momento hermoso para ser un discípulo; cuando el contraste entre los caminos de Dios y los caminos del mundo es más agudo, la gloriosa bondad del evangelio brilla aún con más intensidad.

PRINCIPIOS CLAVE

- La Biblia advierte que seguir a Dios traerá costos reales, pero también recompensas reales.
- Dios es capaz de mantener fieles a sus hijos, aun cuando estén rodeados de idolatría y persecución.

PRÁCTICAS PARA CRIAR HIJOS

- Con los hijos menores, enseñe las historias en Daniel. A medida que ellos llegan a conocer a los jóvenes valientes y su poderoso Dios, se les presentarán temas importantes que pueden expandirse posteriormente.
  - Usted podría hacer esto durante la rutina de acostarse o al tomar el desayuno, o apartar un tiempo para leer la Biblia en familia los domingos por la tarde. Sea creativo y pídales a otros amigos de su iglesia que le den ideas.
- Los hijos mayores podrían estar listos para considerar (1) los temas más profundos de las historias de Daniel

que se comparten en este capítulo o (2) un pasaje como Mateo 5:11-12.

- Si a su hijo le gusta leer y estudiar, podría fijar un tiempo especial para hablar juntos acerca de lo que observan en estos pasajes, cómo los hace sentir y qué nos enseñan estos pasajes acerca de Dios. No tiene que saber todas las respuestas, ¡solo tener las conversaciones puede ser una gran manera de relacionarse con su hijo!
- Si su hijo no disfruta mucho el estudio, podría compartir con ellos casualmente lo que han aprendido ya sea viajando en el carro, a la hora de cenar, o saliendo a caminar. Podría parecer que a ellos no les importara escuchar, pero los niños a menudo escuchan más de lo que nosotros creemos, y ver su reacción a la Biblia será profundamente formativo.

▲ Si no se siente seguro de su propia capacidad de leer o enseñar la Biblia, ¡no está solo! Siempre hay tiempo para dar un pequeño paso adelante. Pídales a sus amigos de la iglesia o en su célula que le den ideas y rendición de cuentas en su propio crecimiento.

◡ Si sus hijos en la escuela se identifican como cristianos y reciben algo de oposición por eso, use material de este capítulo para ayudarlos a ver tanto las advertencias de Jesús como sus promesas.

● Ayude a sus hijos a ver que si bien algunos no cristianos podrían oponerse a ellos, muchos otros no. No queremos que crezcan con temor sino que tengan una confianza humilde en Jesús.

6

EN LA FAMILIA

"YO CRIE A MI HIJA EN la iglesia fielmente, pero ella se fue a la universidad, y ahora me está diciendo que piensa que Dios bendice el matrimonio homosexual. ¿Qué debo hacer?"

"Yo les di educación escolar en casa a mis hijos y les enseñé la verdad de Dios. Pero mi hijo de 18 años me acaba de decir que es homosexual y ya no se considera cristiano. Tengo miedo y mi corazón está roto. ¿Qué hago?"

He recibido muchísimos mensajes por correo electrónico de padres contando historias como estas. Están desesperados por recibir ayuda y a menudo sorprendidos por lo que están enfrentando. Hasta ahora, mayormente hemos estado considerando la manera de discipular a nuestros hijos cuando surgen preguntas LGBT+ a causa de lo que está sucediendo *allá afuera*, en el mundo. Pero conforme terminamos, necesitamos considerar diversas formas en que pueden surgir las preguntas *aquí adentro*: es decir, tanto en la iglesia como en nuestras familias. Pondremos nuestra atención, entonces, a dos cosas: ¿qué tal si estas preguntas son personales para mis hijos, y cómo respondemos a los que profesan ser cristianos que celebran una afirmación total a los LGBT+?

POSIBLE CONFUSIÓN PARA LOS HIJOS MENORES

He argumentado que necesitamos hablar a nuestros hijos temprano y a menudo acerca del diseño de Dios para la sexualidad para que puedan entender cómo los mensajes que les da la sociedad son diferentes. Sin embargo, aun si ofrecemos buenas descripciones de la visión positiva, los niños pequeños todavía pueden confundirse fácilmente, tan solo en base a la manera en que la sociedad describe el fenómeno LGBT+.

Por ejemplo, su hijita podría escuchar decir a alguien en el vecindario que ser homosexual es cuando una mujer ama a otra mujer, y cómo eso es fabuloso porque el amor es fabuloso. ¡Esto podría plantear una cantidad de preguntas para su hija! Se podría preguntar, ya que siente verdadero amor por sus amigas que son niñas, si eso quiere decir que es homosexual. Sería fácil ver cómo llegó a pensar esto. Aquí es donde podemos regresar a la visión positiva de Dios: Dios afirma que todos los humanos necesitan amor ¡y que en verdad el amor es fabuloso! Pero solo es fabuloso cuando vivimos según las buenas reglas de Dios. Él dice que la manera correcta de amar a la gente del mismo sexo es en amistad, y especialmente la relación de amor que existe entre hermanos en Cristo. De modo que ¡sí, su hija debe amar a sus amigas profundamente! Esto no significa que ella es homosexual; significa que es humana. Aclaramos una y otra vez lo que Dios dice que es el amor.

O veamos otro ejemplo. Tal vez su hijo pequeño escucha en la escuela que a los niños les gusta jugar brusco y a las niñas les gusta conversar y las manualidades. Pero quizás su hijo es un niño sensible que prefiere la calma y la tranquilidad a que lo acosen. Esto podría plantearle una pregunta a él: ¿significa esto que él es realmente una niña? ¿o significa esto que Dios se equivocó al crearlo niño? Usted puede ver cómo él, en base a lo que está escuchando, podría pensar eso. Pero aquí es donde regresamos a la visión positiva de Dios: ¡no, Dios no cometió un error al crearlo niño! La sociedad comete un error cuando dice que a los niños no les puede gustar la calma y la quietud. Hay muchas maneras sanas de ser niño y muchas maneras sanas de ser niña. Nuestros cuerpos nos dicen la verdad con relación a si somos hombres o mujeres, y tenemos la libertad de ver cuáles dones e intereses tenemos y los disfrutamos en una relación con el Señor.

SI SU HIJO SALE DEL CLÓSET

Pero también necesitamos considerar que, a medida que crecen nuestros hijos, algunos de ellos descubrirán que sí sienten atracción hacia personas del mismo sexo o quizás tienen sentimientos de disforia de género. Después de todo, sabemos que la Caída ha impactado a todas las personas humanas, y su impacto podría incluir estas experiencias para algunos de los niños que queremos. ¿Entonces cómo debemos prepararnos para esta posibilidad, sin pánico?

Es importante observar que los niños tienden a notar sentimientos de atracción hacia personas del mismo sexo o disforia de género mucho antes que se lo digan a alguien. Esto puede ser una experiencia solitaria y aterradora. He hablado con muchos discípulos adultos que crecieron yendo a la iglesia, que notaron estas experiencias en la niñez o en la adolescencia y lo negaron completamente o trataron desesperadamente de quitar esos sentimientos orando durante años, pero fue inútil. A menudo se preocupaban de que si revelaban estas experiencias a sus padres, serían rechazados totalmente. A veces también se preocupaban si estas experiencias significaban que Dios no los iba a aceptar.

Si usted ha pasado la niñez de ellos hablando calmada y confiadamente acerca de los cuerpos que Dios nos ha dado y cómo funciona la reproducción, sus hijos serán más capaces de confiar en que usted sabe de lo que está hablando cuando se trata de sexualidad. Si pasa la niñez de ellos hablando de personas que se identifican como LGBT+ con tonos de respeto, de maneras que no las reducen a sus preferencias sexuales y que no las identifican como enemigas, sus hijos se sentirán más seguros viniendo a usted con sus propios sentimientos que podrían ser grandes y aterradores.

Si nuestros hijos no sienten que somos personas suficientemente seguras como para hablarnos, buscarán a alguien que lo es... o que erróneamente piensen que lo es. Preguntarán a sus amigos. Preguntarán al Internet. Preguntarán en lugares donde no podemos estar seguros que la información que reciben será cierta, buena, o bella. Si bien no podemos garantizar que nuestros hijos confiarán en nosotros, si hablamos temprano y a menudo sobre la sexualidad de manera que sea calmada, confiada y respetuosa, aumentaremos enormemente las probabilidades de que sí lo harán.

En nuestra iglesia, tenemos una cantidad de discípulos adultos que (como yo) vinimos a Cristo con un historial de relaciones sexuales con personas del mismo sexo y algunos que han sido seguidores de Jesús desde la niñez y que se encontraron empezando a experimentar una atracción hacia personas del mismo sexo en la adolescencia. Puesto que los niños en nuestra iglesia conocen algunas de estas historias, tienen una categoría mental para los seguidores fieles de Jesús que experimentan una atracción hacia personas del mismo sexo y no siguen a sus sentimientos. Saben que no serán burlados, rechazados, o tratados como una emergencia si se hallan románticamente atraídos a una persona del mismo sexo sino que la familia de su iglesia tratará esto como cualquier otra área de tentación. Si no tiene adultos en su iglesia que se hayan abierto con relación a sus propias experiencias de atracción a personas del mismo sexo, vale la pena decir a sus hijos acerca de algunos de los cristianos en el ministerio público que han escrito fielmente en base a su propia experiencia de atracción a personas del mismo sexo, a fin de que los niños en su iglesia también tengan esta categoría.

El momento en que un niño revela una experiencia como la atracción a una persona del mismo sexo o disforia de género es crucial. Lo que más necesita de usted en ese momento es que se le asegure su amor por él o ella. Agradézcale por compartir con usted, dele un abrazo, dígale que le ama y simplemente ofrézcale espacio. Puede preguntarle cuánto tiempo ha notado estos sentimientos y en qué manera puede usted ayudarle.

Ellos no necesitan una reiteración de lo que enseña la Biblia en esa primera conversación; si usted les ha estado enseñando conforme crecían, entonces ya saben lo que enseña la Biblia. Lo que necesitan es saber que usted los ve, que usted los ama y que usted está allí para ayudar a guiarlos. No sabrá qué ayuda específica necesita su hijo hasta que pregunte más, en el transcurso de varias conversaciones, acerca de cómo puede usted ponerse a su lado.

Usted, por supuesto, también estará sintiendo toda clase de cosas si su hijo le revela esta clase de experiencia. Tal vez lo tome completamente por sorpresa; tal vez lo ha estado esperando. Sus emociones también son importantes, y es importante que usted tenga un lugar en el cual procesar esas emociones lejos de su hijo, y de una manera que mantenga lo que ha compartido con usted lo más confidencial posible. Esto significa conseguir apoyo de una o dos personas discretas y de confianza que aman a usted, a Jesús y a su familia. La confianza de su hijo en usted se verá impactada por la forma en que usted maneje esta información sensible que ha compartido, así que cerciórese de que no se convierta en motivo de chisme.

Hay muchas razones por las cuales un hijo puede revelarle algo como esto. Con la atracción hacia personas del mismo sexo, podría ser tentador como padre o madre restar importancia a esta experiencia tratándola como si fuera una fase. Le exhorto, sin embargo, que no sea desdeñoso. Si su hijo es joven, quizás empezando su pubertad, podría haber una verdadera confusión con respecto a la manera en que se siente, pero si está tomando el temeroso paso de contarle, probablemente no se basa en algo que no existe. Escuche con curiosidad y cuidado, y asegúrele que no importa cómo se sienta, usted está allí para amarle y ayudarle. Recuérdale que los primeros días de la adultez emergente son a menudo los más confusos, pero que no hay presión para saber perfectamente lo que siente. El mundo puede poner esta presión encima de él o ella porque la sociedad exige que una persona base la esencia de su identidad en la sexualidad. Pero en Cristo, sabemos que la esencia de nuestra identidad está en Jesús, de modo que todo lo demás que es verdadero con respecto a nosotros (bueno, malo, o neutro) está sometido a él.

Si su hijo es mayor cuando le revela la atracción hacia personas del mismo sexo, un adolescente o veinteañero, es probable que esta experiencia haya durado un buen tiempo. Nuevamente, agradézcale por compartir con usted, no se deje llevar por el pánico y hágale preguntas honrosas. Una pregunta honrosa es una pregunta que no avergüenza ni acusa sino que honestamente busca entendimiento y conexión. Si su hijo ha decidido seguir a Jesús, entonces esta experiencia de la atracción hacia personas del mismo sexo no tiene por qué descarrilarlo o definirlo. Tener estos sentimientos no significa que su hijo irá en pos de ellos. Como padre de familia, usted puede estar allí para ayudarle a aprender cómo prosperar en Cristo no importa qué tentaciones esté enfrentando.

Una revelación de disforia de género, o un deseo de adoptar una identidad transgénero, conlleva sus propios desafíos. Un pequeño porcentaje de la población experimenta disforia de género; si bien a menudo estas experiencias se resuelven con la pubertad y la adultez, a veces no. Los niños con estas experiencias necesitan atención, comprensión y discipulado. El mundo les estará diciendo que la única solución para estos sentimientos es adoptar una identidad transgénero. El evangelio refuta esto, hablando en cambio acerca de Jesucristo, quien vino a reivindicar la creación y un día nos dará cuerpos nuevos y espirituales como el suyo. ¿Podemos convertirnos en una comunidad paciente de gracia y verdad que confía y busca esto junto con nuestros hijos?

Tal como hablamos anteriormente, algunos niños tal vez quieran adoptar una identidad transgénero por razones distintas a la disforia de género. Por ejemplo, ha existido una tendencia creciente de adolescentes femeninas que nunca han mostrado señales de confusión de género en la niñez que deciden adoptar una identidad transgénero como adolescentes. Aunque es controversial decirlo, existe un aspecto social en el aumento rápido de estas identidades entre los jóvenes adultos. Como padres, somos responsables de guiar a nuestros hijos; esto incluye decirles la verdad acerca de su sexo y género, con confianza calmada. Podría incluir sacarlos de ciertos contextos sociales (en persona y en línea) si las influencias sobre ellos resultan ser confusas y destructivas. Lo mejor es una postura tranquila de espera vigilante con cualquier niño que se encuentre en esta posición.

Este pequeño volumen apenas puede tocar estas realidades. Lo que yo quiero reiterar aquí, sin embargo, es que solo podemos ganar hablando temprano, a menudo y apropiadamente con nuestros hijos acerca de cuerpos con sexo y el don de la sexualidad administrado como Dios nos ha llamado a hacerlo. No sabemos lo que ellos enfrentarán, pero por el poder del Espíritu podemos tratar de prepararlos para el trayecto.

Lo que no podemos controlar para nuestros hijos es qué trayecto quieren tomar: ¿con Jesús y hacia él o sin él y alejados de él? ¿O y si quieren caminar con Jesús pero quieren hacerlo en medio de la afirmación LGBT+? Consideraremos estos posibles resultados ahora.

SI SU HIJO SE APARTA DE LA FE

La noticia maravillosa, tal como hablamos anteriormente, es que una experiencia de atracción hacia personas del mismo sexo o disforia de género no define a su hijo. Muchos niños en esta categoría anhelarán seguir y obedecer a Jesús, y tratarán de someter todas sus experiencias a él. Su rol como padre es ser una fuente de guía amorosa y de confianza en la vida cristiana. Incluso si no experimenta estas mismas tentaciones, compartir la sabiduría obtenida en sus propias batallas para decir "No" a la carne y "Sí" a Jesús enriquecerá la fe de su hijo. Es más, tal vez aprenda bastante al ver a sus hijos escoger la fidelidad en medio de una generación que les dice que son tontos por negar sus sentimientos en nombre de Cristo.

Al mismo tiempo, reconocemos que a pesar de nuestros mejores esfuerzos, podríamos tener hijos que deciden no seguir al Señor. Mencionamos este temor en el capítulo anterior y reconocimos que los niños podrían tomar esta decisión por toda clase de motivos, independientemente de su posición sobre las preguntas LGTB+. Es importante que usted no suponga que, si su hijo no quiere caminar con Jesús, es debido a su experiencia con la atracción hacia personas del mismo sexo, por ejemplo. Quizás lo sea, pero tal vez tenga otras objeciones más importantes. Mantenga abierto el diálogo con sus hijos para comprender por qué se resisten o dudan conforme la describen.

Si usted ha pasado la niñez de ellos llevándolos a la iglesia y enseñándoles el evangelio, entonces rechazar a Jesús para ellos les parecerá como rechazarlo a usted. Pueden surgir tantos sentimientos que cada uno necesita un lugar seguro donde pueda ser procesado. Recuerde que la salvación siempre es un regalo de gracia y que a Dios le encanta obrar a través de las oraciones de su pueblo. Mientras sus hijos tengan aliento, siempre hay esperanza de que ellos se volverán a Jesús.

He conversado con muchos padres de hijos adultos que se han apartado de la fe a fin de adoptar una identidad transgénero o una relación homosexual. Ninguno de estos padres ha podido contarme esto sin lágrimas. Cada vez, hacen una versión de la pregunta: "¿Qué puedo hacer? ¿Qué debo hacer?" Mi consejo es orar por su hijo, ayunar por ellos y amarlos radicalmente. Como padres, sabemos que el amor nunca es igual a la afirmación total de decisiones, en todo un rango de áreas. Pero es probable que su hijo esté escuchando a sus compañeros, o en el Internet, o en la cultura que si usted no afirma su identidad LGBT+, entonces usted es una persona intolerante, odiosa y asquerosa que no le ama. Tal vez incluso quiera sacarlo de su vida. Me causa dolor incluso escribir eso, pero sé que sucede. En este caso, recuerde que la oración es poderosa. Así que ore sin rendirse. Pero si todavía existe una relación, pregúntese: "¿De qué maneras puedo mostrar amor radical a mi hijo que podría confundir los mensajes que escucha?" Esto será distinto en cada situación, pero tenga la seguridad de que pasar tiempo con su hijo, ofrecer orar por ellos y preguntar por sus amigos y vidas no es lo mismo que aprobar cualquiera de las decisiones que tome.

Sus hijos adultos seguramente estarán muy conscientes de lo que usted piensa acerca del evangelio y la sexualidad, si es que les ha enseñado. De lo que no podrían estar seguros es si usted los ama. De hecho, ya que nuestra cultura dice que usted *no puede* amar a alguien que se identifica como LGBT+ sin afirmar su identidad, podrían estar preparados para dudar de su amor por ellos porque obviamente no afirma sus decisiones.

Ore por sabiduría, consulte a su comunidad cristiana y considere cómo amar bien a su hijo y si podría haber alguna oportunidad para conversar sobre el evangelio. Yo priorizaría hablar de Jesús y su ofrecimiento de salvación en conversaciones acerca de la sexualidad para el hijo que se ha apartado de Dios porque su necesidad principal es la reconciliación con el Señor. Sin embargo, si ellos inician las conversaciones sobre la sexualidad y el cristianismo, ¡por supuesto, participe! Nunca sabemos cómo el Espíritu podría estar tocando a sus hijos para traerlos de regreso al evangelio.

CRISTIANISMO REVISIONISTA

Pero también existe la posibilidad de que su hijo tratará de tener ambas cosas: una relación con Jesús *y* una relación homosexual comprometida o una identidad transgénero.

También tal vez tenga un hijo que no se identifica como LGBT+ pero aún afirma estas identidades y quiere apoyarlas como cristiano. Esto es lo que a veces se le llama una posición "revisionista" (porque adopta una versión "revisada" de la enseñanza histórica de la iglesia). En mi mente, este es el área más difícil de la conversación.

La gente generalmente trata de tener ambas cosas porque ven la bondad de Jesús y no tienen un deseo consciente de apartarse de él, pero también existe algo relacionado con la afirmación LGBT+ que les parece correcto o incluso piadoso. Quizás ven el maltrato histórico de la gente que se identificaba como LGBT+ y, viendo que Jesús jamás actuaría así, se preguntan si la iglesia se ha equivocado totalmente al respecto. O creen que el romance es necesario para sentirse realizados (especialmente si crecieron en una iglesia que solo enseñaba acerca del matrimonio y no de la soltería) y por lo tanto pensaban naturalmente que sus amigos que se identifican como homosexuales también merecen eso. Por supuesto, otros que, por ejemplo, experimentan una atracción poderosa y exclusiva hacia una persona del mismo sexo podrían simplemente pensar: "¿Por qué permitiría Dios que yo sintiera un deseo tan fuerte por algo que no lastima a nadie, si no está bien?"

Hay miles de razones, y usted no sabrá cuál le atrae a su hijo a menos que le pregunte. Y es posible que usted mismo se incline hacia esa afirmación o no esté seguro de su posición al respecto. En uno de los casos o en ambos, le recomiendo muchísimo que lea *Does the Bible Affirm Same-Sex Relationships?* (¿Afirma la Biblia las relaciones entre personas del mismo sexo?) de Rebecca McLaughlin, un pequeño libro fácil de leer que analiza diez de los argumentos más populares que usa la gente a favor de las relaciones monógamas entre personas del mismo sexo para cristianos y por qué ninguno de ellos en última instancia tiene fundamento. Al momento de escribir esto, no conozco un volumen comparable que aborde los argumentos que afirman las identidades transgénero, pero *Embodied* (Personificado) de Preston Sprinkle es un tratamiento cristiano reflexivo del tema en general. Educarse sobre las diversas maneras en que la gente termina adoptando las posiciones revisionistas ayudará a medida que escuche e interactúe con sus hijos. Esto es cierto aun si sus hijos actualmente no sostienen un punto de vista revisionista, porque estas opiniones están en aumento y son tentadoras.

Si su hijo o hija está profesando tener fe en Jesús, entonces es su hermano o hermana en Cristo. Y nuestra responsabilidad con todos nuestros hermanos en Jesús es "exhortaos los unos a los otros cada día, entre tanto que se dice: Hoy; para que ninguno de vosotros se endurezca por el engaño del pecado" (Hebreos 3:13). El pecado no es un juguete; no es seguro. Debe ser confrontado. ¿Pero cómo?

Como guía, no tenemos un texto mejor que Mateo 7:1-5; igualmente ayuda y confronta tanto a aquellos de nosotros que somos "gente con gracia" como aquellos de nosotros que somos "gente con verdad", a medida que consideramos cómo exhortar a nuestros hijos que están equivocados sobre la sexualidad y la Biblia. Jesús dijo:

> *No juzguéis, para que no seáis juzgados. Porque con el juicio con que juzgáis, seréis juzgados, y con la medida*

con que medís, os será medido. ¿Y por qué miras la paja que está en el ojo de tu hermano, y no echas de ver la viga que está en tu propio ojo? ¿O cómo dirás a tu hermano: Déjame sacar la paja de tu ojo, y he aquí la viga en el ojo tuyo? ¡Hipócrita! saca primero la viga de tu propio ojo, y entonces verás bien para sacar la paja del ojo de tu hermano. (Mateo 7:1-5)

La "persona con gracia" es propensa a escuchar a Jesús decir: "No juzguéis, para que no seáis juzgados" y pensar: "Bueno, tal vez eso significa que hay que dejar que las cosas sean lo que sean. Nadie es perfecto, y ser sentencioso es desagradable". El problema es que estas palabras provienen del contexto del Sermón del monte, una sección famosa de enseñanza en la que Jesús en realidad ajusta más la mayor parte de la ley del Antiguo Testamento que lo que le parecía a su audiencia. Él enseñó que no solo matar merecía el juicio sino el enojo injusto y los insultos (5:21-22); y que no solo el adulterio era pecado sino también mirar una mujer con lujuria (v. 27-30).

Este mismo sermón no iba a declarar luego que no debiéramos exhortarnos a vivir y creer correctamente. ¡No! Después que Jesús dice que no juzguemos, dice: "Saca primero la viga de tu propio ojo, y entonces verás bien para sacar la paja del ojo de tu hermano" (7:5). Algunos de nosotros podrían desear que hubiera dicho: *Saca la viga de tu ojo, y luego siéntate y quédate callado*. Pero no: él le insta a quitar la paja de su hermano (o de su hijo). Si la idea de hacer eso lo pone nervioso, probablemente esté en una mejor posición para hacerlo, si busca el poder del Espíritu.

Aquellos de nosotros que somos "gente con verdad" podríamos estar muy listos para sacar la paja de nuestro hermano. La palabra a la que necesitamos prestar mucha atención es "¿Y por qué miras la paja que está en el ojo de tu hermano, y no echas de ver la viga que está en tu propio ojo?... ¡Hipócrita! saca primero la viga de tu propio ojo" (v. 3, 5). La palabra de Dios es muy clara acerca de su plan para nuestros cuerpos y nuestras relaciones. Sin embargo, usted debe examinar su corazón para saber qué actitud tiene con relación a exhortar a su hijo y a los demás. Por ejemplo, vale la pena preguntarse si usted tendría el mismo nivel de preocupación si su hijo estuviera involucrado en el pecado sexual con alguien del sexo opuesto. ¿O eso estaría bien con usted aunque estaría ansioso de confrontarlo si estuviese siendo atraído al pecado de tener relaciones sexuales con una persona del mismo sexo? Con demasiada frecuencia, los padres cristianos han mantenido dos estándares, mientras que el Nuevo Testamento toma muy en serio todas las formas de pecado sexual. Probablemente existe una viga que necesita ser sacada de su propio ojo; quitar pajas solo puede ocurrir verdaderamente en humildad, por el poder del Espíritu.

Mientras podamos, tratamos de instar a nuestros hijos a confiar en Jesús como Señor y Salvador. Si profesan hacerlo, entonces tratamos de instarles a rechazar el pecado y acoger la justicia. Quizás podamos convencerlos, por el poder de Dios, y tal vez recibiremos corrección útil a lo largo del trayecto sobre cómo mantener nuestros propios puntos de vista. Y en todas las cosas, en oración acudimos a Jesús, quien puede hacer mucho más que quitar pajas, el que incluso puede abrir los ojos de los ciegos.

PRINCIPIOS CLAVE

▲ No nos sorprende, a causa de la Caída, que estos temas sean personales para nuestros hijos. Podemos permanecer calmados y confiados que ninguna experiencia que pudieran tener nuestros hijos los define automáticamente; Jesucristo siempre es capaz de redimir y salvar.

◡ El cristianismo revisionista es popular, tentador y mortal; si nuestros hijos lo adoptan, nuestro rol es exponerlos, por la gracia y la verdad de Cristo, usando la Escritura.

PRÁCTICAS PARA CRIAR HIJOS

- Si sus hijos menores preguntan si son homosexuales o transgéneros, averigüe tranquilamente más información usando frases como: "Dime qué está haciendo que te preguntes eso".
  - Tal vez descubra que tienen un concepto erróneo sencillo que se puede aclarar regresando a la visión positiva de Dios.
  - O quizás descubra que están perturbados por un sentimiento que tienen. Esta es una oportunidad para agradecerles por compartir y para asegurarles que no importa cómo se sientan, usted los ama, Dios los ama y tendrán apoyo.

■ Si su hijo mayor sale del clóset, agradézcale por compartir con usted y reitere su profundo amor por él. Hágale preguntas como: "¿Cuánto tiempo has notado esta experiencia?" "¿Qué has sentido cuando relacionaste esta experiencia a lo que escuchaste de nosotros acerca de la sexualidad?" y, si su hijo es un discípulo, "¿Cómo te ha ido al considerar cómo relacionar estos sentimientos con tu caminar con Jesús?"

- Familiarícese con los argumentos de las posiciones revisionistas. Recuerde que la herramienta más importante que tenemos para discernir la verdad es la palabra de Dios y regresar a la Escritura a menudo, en oración.

CONCLUSIÓN

ESPERO QUE USTED LLEGUE al final de este libro un poquito frustrado.

Después de todo, ¿cómo podría cualquier tratamiento de un tema tan complejo decirle exactamente cómo hablar y guiar a sus hijos específicamente, en su vecindario específico, en este momento específico. Espero que sienta ganas de rascarse por una picazón causada por las muchas preguntas que no se contestaron.

Esta picazón también es una oportunidad. Lo que he estado tratando de proporcionarle en estas cuantas páginas son principios para guiarle. Vimos que la visión de Dios para nuestros cuerpos y las relaciones realmente es una buena noticia y que podemos hablar calmada y confiadamente acerca de ello incluso con nuestros hijos menores. También vimos que el quebrantamiento y el pecado han tocado a todos nosotros y cómo eso realmente impacta nuestra manera de pensar y hablar sobre las preguntas LGBT+. Finalmente, analizamos cómo dar a nuestros hijos las herramientas para relacionarse bien con aquellos que adoptan un punto de vista diferente al de los cristianos y prepararlos si deciden caminar con Jesús, para hacer eso con su gracia y verdad en su generación.

Tomando en cuenta estos principios, espero que usted esté mejor equipado para considerar cómo se ve la crianza de hijos en la práctica para sus hijos específicamente en el lugar donde usted está en particular. Los niños en las afueras de Londres podrían necesitar una aplicación muy diferente de estos principios que aquellos en la zona rural de Arkansas. Y las necesidades de sus hijos pequeños son significativamente diferentes a las necesidades de sus adolescentes; las necesidades de sus preguntones son diferentes a las necesidades de sus hijos que parecen ajenos a lo que está pasando. A medida que usted ore y hable con otros que aman a Jesús y les interese discipular a los niños, el Señor le guiará mientras trata de aplicar estos principios en sus circunstancias específicas.

Por esta razón necesitamos desesperadamente la palabra de Dios, el Espíritu de Dios y el pueblo de Dios. Su iglesia es el lugar donde se satisface esa picazón que necesita rascarse. Si hay padres de su edad, reúnanse para pensar y orar sobre cuál es la mejor manera de hacer esto en su comunidad. Tal vez descubra que todos tienen una opinión diferente, y es importante aprender uno del otro sin orgullo ni desesperación. Todos estamos simplemente empezando a entenderlo, después de todo. Por eso también es importante apoyarse en padres mayores en su congregación; pueda que ellos hayan criado a sus hijos en una generación distinta, pero tendrán una valiosa sabiduría que compartir con respecto a cómo criar hijos en la gracia y la verdad de Jesús. Y no solo se trata de que usted se conecte con gente mayor. Considere cómo lograr que sus hijos se conecten con sus compañeros de la iglesia; fomente estas relaciones, ya que sus hijos necesitan que otros inviertan en ellos además de usted. Más que nada, ore para recibir la ayuda de Dios y su sabiduría, y lea con entusiasmo la palabra en comunidad, sabiendo que separados de Jesús, no podemos hacer nada (Juan 15:5).

Sobre todo, espero que el haber dejado que penetren los principios de este libro haya arraigado su corazón en la fe en nuestro amoroso Dios. Él no está sorprendido por este momento, y tampoco tiene miedo. Sabe que su evangelio es la buena noticia de salvación para toda la gente. La muerte y resurrección de Jesucristo aseguró la victoria y la esperanza, lo cual el Espíritu Santo está obrando a través de la iglesia incluso ahora. Es natural temer cuando las cosas dan miedo, pero a causa de nuestra relación con el verdadero Dios todopoderoso, amoroso y viviente, podemos pasar de la crianza de hijos con temor a la crianza de hijos con confianza segura en aquel que nunca nos dejará ni nos abandonará.

Arraigados firmemente en Cristo Jesús, ruego que usted ore, planifique y críe hijos por el poder del Espíritu Santo, en la comunidad de discípulos locales, para la gloria de Dios Padre.